KT
Kaiser Taschenbücher
167

Renate Wind und Craig L. Nessan

Wer bist Du, Christus?

Ein ökumenisches Lesebuch
zur Christologie Dietrich Bonhoeffers

Chr. Kaiser

Originalausgabe

Die Deutsche Bibliothek – CIP-Einheitsaufnahme

Wer bist Du, Christus? : ein ökumenisches Lesebuch zur
Christologie Dietrich Bonhoeffers /
Renate Wind und Craig L. Nessan. –
Orig.-Ausg. – Gütersloh : Kaiser, Gütersloher Verl.-Haus, 1998
(Kaiser Taschenbücher ; 167)
ISBN 3-579-05167-9

Umwelthinweis:
Dieses Buch wurde auf chlorfrei gebleichtem und alterungsbeständigem
Papier gedruckt. Die vor Verschmutzung schützende Einschrumpffolie
ist aus umweltschonender und recyclingfähiger PE-Folie.

ISBN 3-579-05167-9
© Chr. Kaiser/Gütersloher Verlagshaus, Gütersloh 1998

Das Werk einschließlich aller seiner Teile ist urheberrechtlich
geschützt. Jede Verwertung außerhalb der engen Grenzen des
Urheberrechtsgesetzes ist ohne Zustimmung des Verlages unzulässig
und strafbar. Das gilt insbesondere für Vervielfältigungen,
Übersetzungen, Mikroverfilmungen und die Einspeicherung
und Verarbeitung in elektronischen Systemen.

Umschlag: Ingeborg Geith, München, unter Verwendung
des Gemäldes »Der ungläubige Thomas« von Caravaggio,
© der Vorlage beim Archiv für Kunst und Geschichte, Berlin
Satz: Weserdruckerei Rolf Oesselmann GmbH, Stolzenau
Druck und Bindung: Clausen & Bosse, Leck
Printed in Germany

Inhalt

Vorwort 7

Einführung in Dietrich Bonhoeffers
Christ the Center
von Craig L. Nessan 9

Kirchenkampf und Kontemplation
Eine Wiederentdeckung der politischen
Christologie Dietrich Bonhoeffers
von Renate Wind 19

Dietrich Bonhoeffer:
Christologie-Vorlesungen 1933
Texte und Kontexte 33

Anmerkungen 77

Nachweise 80

Vorwort

Das ökumenische Lesebuch zur Christologie Dietrich Bonhoeffers ist aus einer ökumenischen Begegnung heraus entstanden. Auf einer Konferenz der amerikanischen Evangelisch-Lutherischen Kirche der Zentralstaaten über Dietrich Bonhoeffer wurde von amerikanischer Seite häufig auf die Christologie-Vorlesung Bonhoeffers, die in den USA unter dem Titel »Christ the Center« erschienen ist, Bezug genommen. Daß diese Vorlesung nicht nur in Fachkreisen bekannt ist, sondern neben »Widerstand und Ergebung«, »Nachfolge« und »Gemeinsames Leben« auch in amerikanischen Kirchengemeinden zu den meistgelesenen Bonhoeffer-Texten gehört, war überraschend, vor allem, weil Bonhoeffers Christologie-Vorlesung in der kirchlichen Öffentlichkeit der deutschen evangelischen Kirche kaum ein breiteres Echo gefunden hat.

Das ökumenische Gespräch, das daraufhin mit Craig L. Nessan, Professor für kontextuelle Theologie am Wartburg Theological Seminary in Dubuque begann, wird im ersten Teil dieses Buches festgehalten. Im zweiten Teil sind ausgewählte Texte aus der Christologie-Vorlesung zusammengestellt worden, die über den unmittelbaren Augenblick und über die Erfordernisse einer dogmatischen Lehrveranstaltung hinaus für heutige Leser von Interesse sein können. Zugleich sind diese Texte mit Kontexten versehen worden, die deutlich machen, in welcher Weise die christologischen Aussagen Bonhoeffers eingebunden sind in sein theologisches Denken, seine Lebensgeschichte und seine Zeit, sowie in den unmittelbaren politischen und kirchengeschichtlichen Kontext des Jahres 1933.

Dieser Lesebuch-Charakter ergibt sich aus dem Interesse, die Frage Bonhoeffers: »Wer bist, Christus?« im gegenwärtigen Kontext christlicher Lebenspraxis und in die heute neu erforderliche Standortbestimmung der Kirche hinein in der gebotenen ökumenischen Dimension zur Geltung zu bringen.

Heidelberg, im Mai 1998   *Renate Wind*

Einführung in Dietrich Bonhoeffers *Christ the Center*

Von Craig L. Nessan

Dietrich Bonhoeffer begegnete den nordamerikanischen Lesern zuerst als ein »Radikaler«. Das hing mit der Aufmerksamkeit zusammen, die die meisten seiner frühen Interpreten dem herausfordernden und provokativen Zeugnis in den Briefen und Schriften aus dem Gefängnis schenkten. Themen wie *das nichtreligiöse Verständnis biblischer Begriffe* und das *religionslose Christentum* in einer *mündig gewordenen Welt* standen im Vordergrund. Die 1966 erfolgte Veröffentlichung einer englischen Übersetzung der christologischen Vorlesungen von 1933, wie sie von der kundigen Hand Eberhard Bethges rekonstruiert worden waren, muß zunächst im damaligen Kontext gesehen werden.

Erst nach und nach waren in den 50er und 60er Jahren englische Übersetzungen der Schriften Bonhoeffers erhältlich geworden, sie erschienen zumeist in verschiedenen britischen und amerikanischen Verlagen. Das erste Buch, das herauskam, was eine kleine Auswahl der Gefängnisbriefe, 1953 in den USA unter dem Titel *Prisoner for God* veröffentlicht. Andere Werke erschienen in regelmäßiger Folge: *Life together* im Jahr 1954, *Ethics* 1955 und *Temptation* im selben Jahr, *Creation and Fall* 1959, *The cost of Discipleship* 1963 (1959 in London), *Act and Being* 1961, *The Communion of Saints* 1963, *No Rusty Swords: Letters, Lectures and Notes, 1928-1936* erschien 1966. Das bei weitem einflußreichste Buch Bonhoeffers war jedoch bis 1966 die Sammlung seiner Gefängnisbriefe *Prisoner for God* (in durchgesehener und erweiterer Ausgabe 1967 als *Letters and Papers from Prison* wieder aufgelegt). Seit dieser Zeit sind *Life Together* und *The Cost of Discipleship* die anderen beiden bekanntesten Werke Bonhoeffers in den USA.

Während der fünfziger Jahre kreiste die Bonhoeffer-Diskussion um seine Beziehung zu Rudolf Bultmanns Projekt der Entmythologisierung. Das änderte sich schlagartig in den frühen sechziger Jahren, als Bonhoeffers Gefängnisbriefe der wichtigste Bezugspunkt für das wurden, was als »radikale Theologie« bekannt wurde. William Hamilton, der bald als einer der ersten Vertreter der sogenannten Theologie nach dem Tod Gottes bekannt werden sollte, veröffentlichte in der Januarnummer von *Theology Today* unter dem Titel *A Secular Theology for a World Come of Age (Eine weltliche Theologie für eine mündige Welt)* einen Aufsatz.[1] In diesem Text bezog sich Hamilton auf Bonhoeffer und legte damit das zentrale Thema der theologischen Diskussion während der darauffolgenden Jahre in Amerika fest. Bonhoeffer wurde zum Propheten eines diesseitigen Christentums. Mit ausführlichen Zitaten aus den Gefängnisbriefen zwischen dem 18. Dezember 1943 und dem 21. Juli 1944 begründete Hamilton die gegenwärtige Bedeutung von Bonhoeffers Entwurf einer nichtreligiösen Interpretation biblischer Begiffe in einer Welt *etsi Deus non daretur*. Die zeitgenössische Welt wurde begriffen als die »mündige Welt«, die eine weltliche Theologie erfordert. Nur auf diese Weise könne die Kirche das »Leiden Gottes« in der Welt ganz teilen. Hamilton bezieht sich in seinem Aufsatz ausdrücklich auf die christologischen Vorlesungen von 1933, indem er den Abschnitt über den erniedrigten Gott-Menschen, der ganz Mensch geworden ist, zitiert und übersetzt.[2] So wurden die Vorlesungen von 1933, vier Jahre bevor sie als *Christ the Cen-*

ter ins Englische übersetzt wurden, für die Entwicklung dessen benutzt, was Hamilton eine »Theologie der weltlichen Kultur« nennt.[3]

Die einflußreichste Darlegung dieser Themen wurde von John A. T. Robinson verfaßt, dem Bischof von Woolwich in England, und 1963 unter dem Titel *Honest to God* veröffentlicht.[4] Dieses kurze und bekannte Buch zeitigte eine beträchtliche Wirkung nicht nur in England, sondern auch in den Vereinigten Staaten. Robinson strebte an, *honest*, das heißt: ehrlich gegenüber den Lesern zu sein hinsichtlich der Notwendigkeit, in der modernen Welt auf eine neue Weise von Gott zu reden, so daß Gott ohne Wenn und Aber als sich in den Angelegenheiten der Welt ereignend verstanden wird. Die Zeit des religiösen Supranaturalismus mit ihrer transzendenten Vorstellung von einem Gott oben im Himmel war vorbei. Zusammen mit Paul Tillich war Dietrich Bonhoeffer der wichtigste geistige Vater dieses Projektes, Gott für eine neue Generation neu zu denken. Robinson bezog sich mehrfach auf das »Christentum ohne Religion« und die Notwendigkeit eines »nichtreligiösen Gottesverständnisses«. Bonhoeffers Versicherung, daß nur »ein leidender Gott uns helfen kann«, gab die Richtung an für die Erarbeitung einer diesseitigen Christologie von Jesus als »dem Menschen für andere«, die die veralteten Kategorien des Chalcedonensischen Glaubensbekenntnisses hinter sich läßt.

»Das Leben Gottes, das letztgültige Wort der Liebe, ›in dem alles besteht‹, ist völlig Gestalt geworden, bedingungslos und rückhaltlos, in dem Leben eines Menschen – dem Menschen für andere und dem Menschen für Gott. Er ist ganz Mensch und ganz Gott – nicht als eine Mischung von Öl und Wasser, von Natürlichem und Übernatürlichem, sondern durch seinen Gehorsam ist er die Verkörperung dessen, was ›mitten in unserem Leben jenseitig‹ ist, der Transzendenz der Liebe.«[5]

Jesu Weg nachzufolgen führt Christen heute auf den Weg einer »weltlichen Heiligkeit«. Liturgie darf nicht der Flucht aus der Welt, sondern muß dem Weg in die Welt dienen. Während der nun folgenden Debatte über Robinsons Vorschläge wurde kaum Kritik an seiner Bonhoefferinterpretation geübt.[6]

Andere Theologen verwiesen ebenso auf Bonhoeffers Vermächtnis, wobei sie sich fast ausschließlich auf beeindruckende Zitate aus denselben Gefängnisbriefen stützten. Paul M. van Buren schreibt in *The Secular Meaning of the Gospel (Die weltliche Bedeutung des Evangeliums)*: »Bonhoeffer bestand darauf, daß der Versuch, den christlichen Glauben und das weltliche Leben in der Welt voneinander zu trennen, darauf hinausläuft, das eigentliche Zentrum des Evangeliums zu verwerfen ...«[7] In *The Secular City (Die weltliche Stadt)*, einem Buch, das laut *Newsweek* »die zunehmende Säkularisisierung der Welt als logische Folge der biblischen Religion« prophezeite, bezieht sich Harvey Cox sowohl in der Einleitung als auch in der Zusammenfassung seines Gedankengangs auf die Autorität von Bonhoeffers Briefen und Texten aus dem Gefängnis.[8] In besonders provokativer Weise machten die »Tod-Gottes«-Theologen Thomas J.J. Altizer und William Hamilton Bonhoeffer zu einem ihrer wichtigsten Lehrmeister. Altizer schrieb in *Radical Theology and the Death of God (Radikale Theologie und der Tod Gottes)*:

»Dietrich Bonhoeffer lehrt, daß die Gegenwart Christi nur in der Wirklichkeit eines gebrochenen und leidenden Menschseins erfahren werden kann, weil der Jesus, den wir kennen, von dem göttlichen Beiwerk seiner überlieferten Darstellung völlig losgelöst ist. Zum ersten Mal in ihrer Geschichte ist die Theologie nun zu einer radikal kenotischen Theologie berufen.«[9]

Die radikalen Theologen, die sich bei Bonhoeffer bedienten, hatten offensichtlich kein Interesse an dem gesamten christologischen System, von dem ausgehend Bonhoeffer selbst seine letzten theologischen Überlegungen im Gefängnis entwickelte.

In dem selben Jahr 1966, als Altizer und Hamilton Bonhoeffer als den Großvater der Theologie nach dem Tod Gottes darstellten, wurden die von John Bowden ins Englische übersetzten Christologie-Vorlesungen von 1933 zusammen mit einer Einführung von Edwin H. Robertson unter dem Titel *Christ the Center (Christus, die Mitte)* veröffentlicht. Eberhard Bethge kritisierte die Bonhoeffer-Interpretation der Gott-ist-tot-Theologen:

»Wo immer sich diese Bewegung auf Bonhoeffer berief, und einige Theologen wie Paul van Buren und William Hamilton taten dies eine Zeitlang mit besonderem Nachdruck, war er falsch gedeutet und falsch verstanden worden. Einige fälschten gar Bonhoeffers Denken, und mit unzureichenden Kenntnissen seines Werks taten sie seiner dialektischen Ausdrucksweise Gewalt an oder zerstörten sie. Was vor sich ging, machte zumindest William Hamilton deutlich, als er während einer Diskussion bemerkte: ›Wir mißbrauchen Bonhoeffer auf kreative Weise.‹«[10]

Das Erscheinen von *Christ the Center* setzte eine Verschiebung des Schwerpunktes der Bonhoefferinterpretation in den Vereinigten Staaten in Gang, die durch die Veröffentlichung von Eberhard Bethges umfangreicher und heute als Standardwerk zum Thema geltender Biographie *Dietrich Bonhoeffer: Man of Vision, Man of Courage* im Jahr 1970 abgeschlossen wurde. Nach dem Erscheinen dieser Werke, waren die Grundlagen für eine umfassendere Einschätzung von Bonhoeffers Leben und Werk vorhanden, die die vorurteilsvolle und einseitige Aneignung seines Erbes überwinden konnte.

Deutlich war mit der Veröffentlichung der englischen Ausgabe von *Christ the Center* die Absicht verbunden, eine Korrektur früherer übertriebener Interpretationen von

Bonhoeffers Anliegen zu ermöglichen. Edwin H. Robertson erklärt dies in seiner Einführung zur Ausgabe von 1966:

»Die landläufige Vorstellung von Bonhoeffer ist diejenige von einem Theologen, der alle religiösen Elemente der Kirche und vielleicht sogar die Kirche selbst über Bord geworfen hat. Als ein radikaler Theologe wird er nicht als jemand begriffen, der die Wurzeln der Dinge aufsucht, wie es das Wort eigentlich meint, sondern als ein Bilderstürmer. Gewiß, es gibt in den Briefen und Texten aus dem Gefängnis viele Sätze, die – aus dem Zusammenhang gerissen zitiert – eine solche Sicht nahelegen. Doch er war und blieb ein Lutheraner und ein sehr orthodoxer Kirchenmann.«[11]

Die Veröffentlichung von *Christ the Center* war als Beitrag zur Klärung in der damals laufenden Diskussion gedacht, in der die Aufmerksamkeit fast ausschließlich den zugespitzten Aussagen in den späten Gefängnisbriefen galt. Das Erscheinen dieser Übersetzung belegte die Notwendigkeit, sorgfältiger den Ort der Christologie in der Gesamtheit des Bonhoefferschen Denkens zu bedenken, und zu erwägen, was eigentlich dem in den Gefängnisbriefen Niedergeschriebenen zugrunde lag. Diese Korrektur zwang auch zur einer Anerkennung der Kontinuität im Denken Bonhoeffers, d.h. dazu, die Aussagen über das nichtreligiöse Verständnis biblischer Begriffe in einer mündig gewordenen Welt nicht als radikale Neuerung, sondern als Erweiterung seiner früheren Theologie zu begreifen.

Die Rezensenten des Buches spürten in den späten sechziger Jahren sofort, daß *Christ The Center* dem gängigen Bonhoefferbild eine wichtige neue Dimension hinzufügte. John Godsey, in den letzten vierzig Jahren einer der bedeutendsten Bonhoeffer-Übersetzer in den USA, schrieb:

»*Christ the Center* ist von ganz entscheidender Bedeutung für das Verständnis des Denkens von Dietrich Bonhoeffer, weil hier der Hintergrund und das Wesentliche vieler seiner späteren Schriften angelegt sind ...«[12]

Andere Kritiker erkannten aufgrund dieser Vorlesungen, daß Bonhoeffers Christologie »sich vom klassischen Luthertum nicht weit entfernt hatte«[13] und daß die Merksätze der späten Gefängnisbriefe »nur aufgrund des Studiums von Bonhoeffers Christologie verstanden und entschlüsselt werden können, dem eigentlich zentralen Thema seines Denkens.«[14] Selbst als Bonhoeffer die Redeweise von der *nicht-religiösen Interpretation* aufgenommen hatte, wollte er darunter niemals eine nicht-christologische Interpretation verstanden wissen[15]. Allgemein wurde erkannt, daß Bonhoeffer mit *Christ the Center* seine gesamte Theologie tief in die Christologie eingewurzelt hatte, so daß selbst die aufregenden Entwürfe der Gefängnisbriefe als von christologischem Gehalt tief durchdrungen neu gelesen werden mußten.

Ein anderer Aspekt in der Rezeption der Ausgabe von 1966 verdient Erwähnung. Mehrere Kritiker wiesen schwere Mängel in der Übersetzung nach. Das führte zur Veröffentlichung einer neuen Übertragung ins Englische von Edwin H. Robertson im Jahr 1978.[16] Dies war nicht nur wegen der verbesserten Übersetzung bedeutsam, sondern auch, weil diese in der Taschenbuchreihe »Harper's Ministers Paperback« herauskam und häufig im allgemeinen Buchhandel angeboten wurde. Dadurch waren die Vorlesungen wesentlich mehr amerikanischen Lesern zugänglich geworden.

Wegen seines Einflusses auf die Ausbildung von zwei Pfarrergenerationen hatte *Christ the Center* beachtliche Auswirkungen auf das US-amerikanische Gemeindeleben. Daß diese Vorlesungen in englischer Übersetzung zugänglich waren, machte es möglich, sie in die Reihe der Basistexte aufzunehmen, die sowohl Seminarkursen speziell über Bonhoeffer als auch über allgemeine Christologie zugrunde gelegt wurden. Durch diese Geistlichen haben die christologischen Anliegen von Bonhoeffer die Gemeinden beeinflußt, besonders sein Insistieren auf dem »Wer« von Jesus Christus als der lebenden Person, die uns heute immer noch begegnet. Dieser Jesus Christus ist immer noch in Wort und Sakrament gegenwärtig. Wo immer Jesus Christus erscheint, kommt er als derjenige pro nobis, so wie er immer »der Mensch für andere« gewesen ist. Bonhoeffers Aufmerksamkeit für die Erniedrigung Christi bekräftigte seine Vorstellung vom Dienst der Kirche an den Ausgeschlossenen und Verletzlichen in der Gesellschaft. Christus wird nicht allein als die Mitte des gemeindlichen Lebens, sondern als Mitte des menschlichen Seins und als Mitte der Geschichte sichtbar. Das ist genau die Stelle, an der man beginnen kann, begründete Verbindungslinien zu Bonhoeffers Briefen und Texten aus dem Gefängnis zu ziehen.

Der Einfluß von *Christ the Center* wurde auch dadurch gefördert, daß Autoren, die für eine breite Öffentlichkeit schrieben, die Christologie-Vorlesungen in ihre Darstellung der Bonhoefferschen Theologie einbezogen. Die beiden Bücher von William Blair Gould und von Geffrey B. Kelly enthalten jeweils kurze Zusammenfassungen von *Christ the Center* und zusätzlich Diskussionsfragen für Studiengruppen.[17] Anthologien von Bonhoeffertexten enthalten in aller Regel eine Auswahl aus *Christ the Center*.[18] Durch solche Publikationen ist Bonhoeffers Werk für zahlreiche US-amerikanische Leser zugänglich geworden und das Interesse an seinem Leben und Denken wächst weiter. Dies zeigte sich ganz besonders anläßlich des fünfzigsten Jahrestages seines Märtyrertodes 1995. Neben den Büchern, die sich besonders mit der Christologie von 1933 beschäftigen, gibt es eine umfangreiche englischsprachige Literatur über Bonhoeffers Erbe, sowohl populärwissenschaftlicher als auch im engeren Sinne wissenschaftlicher Art.

Die Christologie-Vorlesungen, gehalten im Sommer 1933 in Berlin, waren entstanden, als Bonhoeffers Engagement in der Bekennenden Kirche an einen entscheidenden Punkt gelangt war. Dies gibt seinen Bemerkungen über die Notwendigkeit, den Begriff der Häresie als Grundlage einer bekennenden Kirche wieder zu entdecken, besondere Bedeutung.[19] Bonhoeffers unüberhörbare Berufung auf Christus als den Grund seines Widerstandes gegen die Nationalsozialisten und die Deutschen Christen hat in jüngerer Zeit Christen angeregt, in ihrer eigenen Situation den Anlaß zu sehen, eine bekennende Haltung einzunehmen. Während der achtziger Jahre entstanden eine Reihe von *kairos*-Texten, in denen es für notwendig erklärt wurde, zu widerstehen und Christus zu bekennen – in Südafrika, in Mittelamerika, auch in Afrika und Asien.[20] So wurde zum Beispiel die Apartheid als Häresie bezeichnet. Dieser Trend mündete 1994 in die Veröffentlichung der Schrift *On the Way: From Kairos to Jubilee* als Kairos-Dokument für die U.S.A.[21] Soziale Unterdrückung, wirtschaftliche Ungerechtigkeit und kultureller Niedergang veranlassen Christen, in diesem Moment der Krise das biblische Jubeljahr, das Erlaßjahr, zu verkünden. Insofern es Christen gelungen ist, die Verwechslung zwischen der Nachfolge und der amerikanischen bürgerlichen Religion zu vermeiden, wurde dies durch eine konsequente Konzentration auf die Christologie erreicht. Bonhoeffers so sehr an ihre christologische Mitte gebundene Haltung hat enormen Einfluß auf die Entwicklung dieser Bekenntnisse gehabt.

Obwohl *Christ the Center* seit 1966 auf englisch vorliegt und zu denjenigen Texten Bonhoeffers gehört, die die Entwicklung der amerikanischen Theologie in den letzten Jahren in erheblichem Maß bestimmt haben, ist der eigentliche Gehalt dieser Vorlesungen erst noch zu entdecken. Was Bonhoeffer mit der Vertreibung Gottes in einer mündig gewordenen Welt meinte, beginnt jetzt erst in den USA sichtbar zu werden, da Moderne und Konstantinisches Christentum der Postmoderne und der postchristlichen Existenz weichen. Wenn die Kirche durch diesen unumgänglichen Wandel von einer privilegierten Mehrheit zu einem Element der pluralistischen Gesellschaft und zu einer Minderheit unter anderen hindurch an ihrer einzigartigen christlichen Identität und ihrem Auftrag festhalten will, dann wird Bonhoeffers Christologie sogar noch zu einem größeren Schatz. Anders als die Bonhoeffer-Rezeption durch die Gott-ist-tot-Theologen in ihrer naiven Begeisterung für die Säkularisation, wird die Kirche sich immer tiefer in die Arkandisziplin der christlichen Verkündigung begeben müssen – und dort dem lebendigen Jesus Christus begegnen. Allein durch ein solches treues Festhalten am gegenwärtigen, geschichtlichen und ewigen Christus wird die Kirche ihren Auftrag erfüllen können, diesem selben Christus als dem Erniedrigten, unter den Armen und Leidenden von heute Verborgenen, angemessen zu begegnen.

Aus dem Amerikanischen übersetzt von Eva Chr. Gottschaldt

Kirchenkampf und Kontemplation

Eine Wiederentdeckung der politischen Christologie Dietrich Bonhoeffers

Von Renate Wind

I.

»Wer bist Du, Christus?« fragt Dietrich Bonhoeffer am Beginn seiner Christologie-Vorlesung im Sommersemester 1933 an der Theologischen Fakultät der Universtät in Berlin. Diese Frage hat Bonhoeffer in den letzten und entscheidenden Jahren seines Lebens begleitet. Er wird sie in einem Brief an Eberhard Bethge aus der Haftanstalt Tegel vom 30.4.1944 erneut stellen und präzisieren: »Wer ist Christus für uns heute?« Und er wird darauf keine einfache, allgemeingültige Antwort geben, sondern befreiende und beunruhigende Fragen stellen, Horizonte eröffnen und zu einer Praxis ermutigen, die inspiriert ist von dem Gedanken, daß Christus »der Mensch für andere« sei und Kirche »nur Kirche, wenn sie für andere da ist.« In diesem Doppelsatz, der am Ende der Lebensgeschichte des Dietrich Bonhoeffer steht und in den sein theologisches Denken ebenso mündet wie seine dort reflektierte Widerstandspraxis, fallen Ethik und Dogmatik, Christologie und Ekklesiologie zusammen. Die Christologie-Vorlesung ist ein Schritt auf dem Weg dorthin.

Welchen Ort nimmt sie im Leben und Denken Dietrich Bonhoeffers ein?

II.

In Bonhoeffers 1927 fertiggestellten Dissertation »Sanctorum Communio« ist das Grundthema bereits vorgegeben. Auf der Suche nach einer tragfähigen Gemeinschaft und einem gangbaren Lebensweg für sich selbst, getrieben von der Notwendigkeit, eine glaubhafte Identität als Theologe und zugleich als ein dem Erbe der Aufklärung verpflichteter Wissenschaftler zu finden, zwingt er Ekklesiologie und Christologie in der Formel »Christus als Gemeinde existierend« zusammen. So sehr dieser Satz zunächst beeindruckt – der Unterschied zwischen geglaubter und gelebter Kirche, zwischen Ideal und Wirklichkeit konnte damit nicht zureichend reflektiert werden. Vor allem aber bleiben beide Aussagen letztlich abstrakt, sowohl die christologische als auch die ekklesiologische. Wann und wie ist die Gemeinde wirklich Christus? Wie und an welchem konkreten Ort ist Christus existent? Es scheint, als habe Bonhoeffer diese Fragen, einmal aufgeworfen und zusammengebunden, in den weiteren Abschnitten seines theologischen Denkens nach und nach zu konkretisieren versucht. Doch sind diese Konkretionen nicht einfach Denk-Schritte gewesen. Gerade in den zentralen Fragen ist Bonhoeffers Theologie eine »Theologie im Vollzug«, ständige Reflexion von neuen, existentiellen Erfahrungen, von im Glauben reflektierter politischer und kirchlicher Praxis. Diese Praxis ist nicht im Nachhinein angewandte Konsequenz seiner Theologie, sondern der zentrale Ort theologischer Erkenntnis.

III.

Welche Erfahrungen, welche Praxis stehen hinter der Christologie-Vorlesung des Jahres 1933? Schon in »Sanctorum Communio« hat Bonhoeffer die Frage aufgeworfen, wieweit die Kirche, die »Christus« ist, eine neue soziale Gestalt entwickeln müsse. In Ablehnung einer deutschen protestantischen Kirche, die politisch immer noch der Verbindung von »Thron und Altar« und soziologisch einer bestimmten bürgerlichen Schicht verhaftet war, stellt er fest: »Die Kirche der Zukunft wird nicht bürgerlich sein.« Wie aber ist sie stattdessen beschaffen? Die Antwort fällt zunächst, in Anlehnung an die dialektische Theologie, ziemlich radikal, aber weiterhin eher abstrakt aus: »Ganz anders!«. Dem bürgerlichen Erbauungsverein, der sich Kirche nennt, hält der Vikar Dietrich Bonhoeffer 1928 in einem Gemeindevortrag entgegen, daß für eine solche Kirche Christus nicht ans Kreuz gegangen sei.

Hier wird, befördert durch den Praxisschock in einer durchschnittlichen gutbürgerlichen Gemeinde, eine erste Konkretion deutlich, die immer mehr ins Zentrum der Christologie und Ekklesiologie Bonhoeffers rückt: An Christus, dem Gekreuzigten, hängt das Selbstverständnis und die Praxis der Gemeinde, der »Sanctorum Communio«.

IV.

Die Zeit zwischen 1930 und 1931 verbringt Bonhoeffer am Union Theological Seminary in New York. Die bürgerliche weiße Kirchlichkeit des konservativen Amerika schreckt ihn ab. In den Basisgemeinden des »anderen Amerika« aber kommt er der Kirche, die er sucht, auf die

Spur: In den Ladenkirchen und Selbsthilfezentren von Harlem, in der ökumenischen, kosmopolitischen Atmosphäre des Seminars, den Anfängen der amerikanischen Bürgerrechtsbewegung, in der Begegnung mit Vertretern des social gospel, die die Gebote Christi in sozialen und politischen Kategorien zu denken und zu praktizieren versuchen. Diskussionspartner und Freunde wie Frank Fisher aus Harlem, Paul und Marion Lehmann aus den Basisgemeinden und Reinhold Niebuhr, der von rechten Fundamentalisten als Kommunist denunziert wird, geben der Suche Bonhoeffers nach einer Konkretisierung des »Christus als Gemeinde existierend« eine neue Richtung. Lebensentscheidend wird schließlich die Freundschaft mit Jean Lasserre, der Bonhoeffer mit dem Gebot der Bergpredigt konfrontiert: »Ich glaube zu wissen, daß ich innerlich erst klar und aufrichtig sein würde, wenn ich mit der Bergpredigt wirklich anfinge ernst zu machen ... Es gibt doch nun einmal Dinge, für die es sich lohnt, kompromißlos einzutreten. Und mir scheint, der Friede und die soziale Gerechtigkeit oder eigentlich Christus sei so etwas.«[1]

V.

Bonhoeffer wird sich theologisch nicht mit allen Positionen des social gospel identifizieren. Vor allem der Optimismus der Fortschrittsideologie ist dem Lutheraner suspekt. Trotzdem bleiben entscheidende Anstöße: »Der Eindruck, den ich von den heutigen Vertretern des social gospel empfangen habe, wird für mich auf lange Zeit hinaus bestimmend sein.«[2]

In Bonhoeffers nachfolgender Praxis, die von den Gedanken des social gospel inspiriert ist, wird konkret erfahrbar, was Kirche für andere sein kann. Dieser Begriff von Kirche ist keine Kopfgeburt. Es gibt diese Kirche, Bonhoeffer hat sie in den amerikanischen Basisgemeinden erlebt, und ihre Praxis wird für ihn zum Ort der Erkenntnis über das »Wesen der Kirche« und ihre Aufgabe.

Als 1933 die evangelische Kirche in Deutschland die brutale Ausgrenzung ganzer gesellschaftlicher Gruppen als »Wiederherstellung der Ordnung« begrüßt, ist Bonhoeffer eine einsame Stimme für die Opfer: »Die Kirche ist den Opfern jeder Gesellschaftordnung in unbedingter Weise verpflichtet, auch wenn sie nicht der christlichen Gemeinde zugehören.«[3]

Anklänge an die Positionen und Bemühungen der amerikanischen Civil Liberties Union, die sich für politisch und ethnisch ausgegrenzte Bürger einsetzt, sind hier nicht zu überhören. Am 6.2.1933 schreibt Bonhoeffer an Reinhold Niebuhr, daß eine »grauenhafte kulturelle Barbarisierung (droht), so daß wir auch hier nächstens eine Civil Liberties Union aufmachen müßten.« Aber auch: »Der Weg der Kirche ist so dunkel wie selten zuvor.«[4]

VI.

In das Dunkel der Kirche hinein sind die Worte der Christologie-Vorlesung gerichtet. Das wird jedoch nur von denen wahrgenommen, die in dem deutschnationalen Taumel und den pompösen Inszenierungen der »Reichskirche« dieses Dunkel überhaupt wahrnehmen. Zeitzeugen berichten, die Vorlesung habe mehr als zweihundert Hörer angezogen, die kaum eine Stunde versäumt hätten und dem Vortrag atemlos gefolgt seien: »In konzentrierter Hinwendung zu dem zentralen Thema der Theologie ereignete sich unter Bonhoeffers Vortrag eine Zurüstung, die an den tumultuarischen Ereignissen jenes

Sommers nicht teilnahmslos vorübergehen ließ, sondern, ohne sich ausdrücklich mit ihnen zu beschäftigen, etwas von dem langen Atem vermittelte, dessen man in allem Kommenden bedurfte ... Was war dringender, als in dieser einen Frage Gewißheit zu erringen: Wer war Jesus Christus?«[5]

Auf den ersten Blick scheint es sich um eine ziemlich traditionelle systematische Lehrveranstaltung zu handeln. Mit keinem Wort geht Bonhoeffer direkt auf die politische Situation ein. Dennoch waren für die, die Ohren hatten zu hören, vor allem die Sätze gegen den pervertierten Messianismus und die deutschchristlich beschlagnahmte Theologie der natürlichen Schöpfungsordnungen eine eindeutige Stellungnahme gegen die tödliche Euphorie und die gottlose Hybris eines deutschprotestantischen »nationalen Aufbruchs«, eine Absage an jenes Reichskirchentum, das die Offenbarung Gottes in dem gekreuzigten Christus zugunsten »natürlicher« Offenbarungen Gottes in Volk, Rasse, Nation, Blut und Boden verwarf.

Diese deutlichen Worte aus Bonhoeffers Christologie-Vorlesung klingen unmittelbar wider im Betheler Bekenntnis der kirchlichen Opposition, das bereits 1933 formuliert wurde, und sie finden einen Nachhall in der Barmer Theologischen Erklärung der Bekenntnissynode der Bekennenden Kirche in Barmen 1934. Zu dieser Zeit war Bonhoeffer, wegen seiner politischen Widerstandshaltung auch in der kirchlichen Opposition isoliert, »für eine Zeit in die Wüste gegangen« und verfolgte den Fortgang des Kirchenkampfes mit brennendem Interesse von seinem Auslandspfarramt in London aus. Vorher hatte er sich von seinen Studenten mit den Worten verabschiedet: »Es gilt nun, in der Stille auszuhalten und an allen Ecken des deutsch-christlichen Prunkhauses den Feuerbrand der Wahrheit anzulegen, damit eines Tages der ganze Bau zusammenkracht.«[6]

VII.

Bonhoeffers Christologie-Vorlesung endet mit dem eindringlichen Hinweis darauf, daß die Mitte des Glaubens und der Gemeinde der erniedrigte, gekreuzigte Gott und Mensch Jesus Christus sei, dem die Kirche in die Erniedrigung zu folgen habe. Die Kirche, die hier sichtbar wird, ist jene »Kirche von unten«, die Bonhoeffer erstmals in Amerika kennengelernt hat, und die nun, in einem anderen Kontext, in der unterprivilegierten, gefährdeten, bekennenden Oppositionskirche eine neue Konkretion erfahren wird. In welcher Weise die Erfahrungen in den USA für Bonhoeffer diese Zuspitzung ermöglichten, ist noch kaum bedacht worden. Dabei sind die Impulse, die von diesen Erfahrungen ausgehen, schon vor 1933 in der Theologie und Praxis des Wissenschaftlers und Pfarrers Bonhoeffer kaum zu übersehen. Die Christologie-Vorlesung ist daher sowohl ein Fazit der zurückliegenden Erfahrungen als auch die Basis für die Sanctorum Communio in der Widerstandskirche.

Bonhoeffer, dessen Lebensthema die Suche nach einer neuen sozialen Gestalt der Kirche ist, denkt bereits unmittelbar nach seiner Rückkehr aus den USA darüber nach, welchen Standort diese Kirche in der Gesellschaft einnehmen müsse. Positiv wird in einem Memorandum über das social gospel die Unabhängigkeit der Kirche vom Staat beurteilt: »Neben der Trennung von Kirche und Staat steht engste Verbindung von Kirche und Gesellschaft ... Der Kontakt der Kirche mit der Arbeiterwelt ist darum nie so weit verloren gegangen wie in Deutschland«.[7] Erstmals taucht hier der in der Ökumene vieldiskutierte Gedanke auf, daß die Orthopraxie der Orthodoxie vorzuordnen sei: Not dogma, but life! Damit verbunden ist die Erkenntnis, daß in dieser Praxis neue Worte für das alte Evangelium entstehen müssen, daß dort auch die »nichtreligiöse Interpretation« in der Christologie anzusetzen habe. Schließlich ist hier auch die Erfahrung verankert, daß angesichts der sozialen, ökonomischen und politischen Probleme und Herausforderungen wie der Weltwirtschaftskrise und der drohenden Kriegsgefahr konfessionelle und nationale Grenzen überwunden werden müssen zugunsten einer ökumenischen Praxis, die sich konkretisiert im Einsatz für Frieden und Gerechtigkeit. Für Bonhoeffer ist diese Zuspitzung gegeben durch die Nachfolge im Sinne der Bergpredigt, und sie ist daher nicht in erster Linie sozialethisch, sondern christologisch begründet. Das unterscheidet ihn deutlich von den Vertretern des social gospel, denen er vorwirft, die sozialethischen Prinzipien nicht deutlich genug in der Christologie zu verankern: »Christus ist der Mittler, der den Menschen mit Gott versöhnt und seine Sünde vergibt. Kreuz und Auferstehung als Taten Gottes sind darum die Mitte der Geschichte.«[8] Trotz dieses Einwandes ist die christozentrisch begründete Praxis Bonhoeffers in den Berliner Jahren vor 1933 deutlich von Elementen des social gospel geprägt. Er beginnt eine eigene kirchliche Praxis, die ihn weit über die Grenzen der akademischen Theologie herausführen und zudem an der Berliner theologischen Fakultät als Sozialisten und Pazifisten verdächtig machen wird. Als Hilfsprediger im Berliner Arbeiterviertel Prenzlauer Berg macht er einen ersten Versuch, mit einer Konfirmandengruppe Kirche jenseits bürgerlicher Kirchlichkeit zu sein. Christus wird hier gepredigt in der Sprache roter Arbeiterlieder: »Keiner soll euch je den Glauben nehmen, daß Gott auch für euch einen Tag und eine Sonne und eine Morgenröte bereitet hat, und daß er uns das gelobte Land sehen lassen will, in dem Gerechtigkeit und Friede und Liebe herrscht, weil Christus herrscht!«.[9]

Aus ähnlichem Geist heraus entsteht die Charlottenburger Jugendstube, als Ableger der vom social gospel inspirierten amerikanischen Settlement-Bewegung, ein weiterer Versuch, glaubende Gemeinde mitten in der Welt zu sein. Bereits in diesen Jahren zeigen sich also die Ansätze, die später in den Gefängnisbriefen unter anderen Bedingungen, aber doch in ähnlich radikal weltlichen Kontexten auftauchen. Sie sind kaum denkbar ohne die erlebte Praxis einer Kirche von unten, die wesentlich zur Immunisierung beigetragen hat gegen alle Versuchungen, das Kreuz Jesu Christi zum Siegerkreuz zu pervertieren.

VIII.

»Wer bist Du, Christus?« fragt Bonhoeffer immer neu und konkret. Mit dieser Frage verabschiedet sich der erfolgreiche und ehrgeizige Wissenschaftler von folgenloser theologischer Gelehrsamkeit, von jenem »theologischen Intellektualismus, der alles (ohne Verantwortung zu übernehmen!) verstehen, alles verbalisieren können will, selbst das Undenkbare, selbst das Kreuz, »und bricht auf in eine Dimension, in der das Undenkbare lebbar und der andere ›unendlich wichtig‹ wird.«[10]

Gegen die Unsichtbarkeit Gottes und das Incognito selbst des Auferstandenen wird die Nachfolge Christi nun zum einzigen sichtbaren Zeichen seiner Gegenwart. Der Glaubensakt wird zum Lebensakt, die Frage, wer Christus sei, verbunden mit der Frage, wo er hier und heute konkret zu finden ist. Im Augenblick höchster existentieller Bedrängnis, umgetrieben von der Frage, ob das sichere amerikanische Exil der ihm zugewiesene Ort sei, schreibt Bonhoeffer 1939 in sein Tagebuch. »Oder bin ich doch dem Ort ausgewichen, an dem Er ist? An dem Er für mich ist?«[11]

Der Ort, an dem Christus für Bonhoeffer sein wird, ist die politische Konspiration, die ungesicherte praxis pietatis in der freiwilligen Schuldübernahme, die Begegnung mit dem von aller Welt verlassenen Mitmenschen im Tegeler Gefängnis und in der Hölle des Vernichtungslagers. In dieser Perspektive von unten wird Christus der »Mensch für andere« so wie Kirche »nur Kirche ist, wenn sie für andere da ist«. Diese Kirche sprengt die Grenzen einer bürgerlichen Institution, sie ist nicht Selbstzweck, nicht Teil westlicher Kultur, nicht mehr gefesselt in Sprache, Bilder, Interpretationsmuster abendländischer Tradition, sondern weltlich, religionslos, solidarisch, entstanden aus dem »Beten und Tun des Gerechten« einer grenzüberwindenden ökumenischen Bewegung von unten.

IX.

Diese christologisch begründete Perspektive von unten, die in der Christologie-Vorlesung entfaltet und in der Ethik, vor allem aber in der »Theologie der Gefängnisbriefe« weitergedacht wird, ist in der westdeutschen Bonhoeffer-Rezeption lange Zeit kaum beachtet worden. Die Vision Bonhoeffers von einer Kirche, die Christus in die Erniedrigung folgt, die Kirche für andere ist, die weltlich lebt und auf staatliche Bindungen und volkskirchliche Privilegien verzichtet, stand den Restaurationsbemühungen des westdeutschen Protestantismus nach 1945 ganz offensichtlich entgegen. Anders verhielt es sich in der DDR, in der die evangelische Kirche zu einer neuen Standortbestimmung innerhalb einer radikal säkularisierten Gesellschaft gezwungen war: »Indem die Kirche ganz von sich absieht, macht sie Ernst mit der Rechtfertigung, mit der sola gratia, und vergegenwärtigt so den Dienst Jesu für die Menschen ... Die Kirche Christi ist nicht Kirche GEGEN die anderen, auch nicht OHNE die anderen, aber auch nicht WIE die anderen.«[12]

Ein Leitbild für den westdeutschen Protestantismus ist Bonhoeffer in dieser Weise nicht geworden, auch wenn sein theologisches Erbe glaubwürdige und entschiedene Nachlaßverwalter fand. Für die kirchliche Öffentlichkeit aber gilt, daß man sich mit Bonhoeffer lange Zeit eher schwer tat. So sehr war obrigkeitshöriges Denken und Staatskirchentum in dieser Kirche verankert, daß Märtyrertum und Widerstandsaktivität nicht zusammengedacht werden konnten. Aus dem politischen Widerstandskämpfer, der für die einen kein »Glaubenszeuge« war, wurde für die anderen der Märtyrer, der kein politischer Widerstandskämpfer sein durfte. In der offiziellen kirchlichen Vereinnahmung Bonhoeffers schließlich wurde der politische und kirchenkritische, der weltliche und der subversive Bonhoeffer bewußt ausgeblendet.

Dieser Bonhoeffer begegnete einer neuen Theologengeneration, die sich kritisch mit dem Erbe der Väter auch in der Kirche auseinanderzusetzen begann, erst Ende der 60er Jahre in der Ökumene: Der »weltliche« Bonhoeffer in den theologischen Ansätzen von Cox und Robinson, der politische in den Debatten um das Anti-Rassismus-Programm des Ökumenischen Rates, der Bonhoeffer der »Perspektive von unten« in der Theologie der Befreiung. Daß dieser Bonhoeffer auch eine andere Sozialgestalt der Kirche erhofft hatte, war in dieser Perspektive nur folgerichtig.

Im westdeutschen Protestantismus der 70er und 80er Jahre schließlich wurde Bonhoeffer zum Kirchenvater kirchlicher Basisbewegungen und Inspirator des konziliaren Prozesses für Frieden, Gerechtigkeit und Bewahrung der Schöpfung. Diese unterschiedlichen Rezeptionen Bonhoeffers bilden jedoch kein zeitliches Nacheinander, sondern laufen bis heute nebeneinander her. Insgesamt ist auch heute noch die Mahnung aktuell: Bonhoeffer nicht zu feiern, sondern ihm zu antworten. Eine Antwort kann aber nur auf den ganzen Bonhoeffer gefunden werden, wenn man denn seinem theologischen Erbe wirklich gerecht werden will.

Im ökumenische Gespräch mit Craig L.Nessan fällt auf, wie sehr die Bonhoeffer-Rezeptionen in den USA und der BRD gegenläufig verlaufen sind. Nessan beschreibt, wie intensiv die amerikanische Theologie zunächst den weltlichen Bonhoeffer aufnahm, und daß sie daher einer Korrektur bedurfte, die die theologische Verankerung Bonhoeffers in der lutherischen Tradition und die christologische Begründung AUCH des weltlichen, religionslosen Bonhoeffer zur Geltung brachte. Umgekehrt fällt es deutschen protestantischen Theologen bis heute schwer, hinter dem lutherischen Theologen Bonhoeffer ZUGLEICH den weltlichen und politischen Bonhoeffer zu sehen. Erst in einem offenen ökumenischen Dialog wird dieser ganze Bonhoeffer in den Blick kommen.

X.

Dieses ökumenische Gespräch kann dazu beitragen, die Vielschichtigkeit des Bonhoeffer'schen Denkens in angemessener Weise wahrzunehmen. Georges Casalis sprach von dem Erbe Dietrich Bonhoeffers als von einer »offenen Botschaft«[13], die zum Weiterdenken im Bezug auf den eigenen Glauben und die eigene Praxis in Kirche und Gesellschaft Anstoß geben soll. In diesem Zusammenhang kommt alles darauf an, die theologische Tiefendimension des politischen Bonhoeffer wahrzunehmen, auch um der gegenwärtigen politischen Verantwortung der Kirche eine deutliche theologische Dimension zu verleihen. Am Beispiel der Christologie-Vorlesung wird deutlich, wie sehr dieser Text von beiden Seiten entpolitisiert worden ist, von den konservativ-kirchlichen Kreisen, die hier lediglich traditionelle lutherische Dogmatik wiederfanden wie von der politisch orientierten Basisbewegung, die sich nicht vorstellen konnte, daß eine systematisch-theologische Vorlesung auch dann hochpolitisch sein kann, wenn keine einzige unmittelbar politische Äußerung fällt. Wiederzuentdecken wäre die politische Brisanz der Christologie-Vorlesung als einer Kontemplation, die den Kirchenkampf untrennbar begleitet und spirituell inspiriert hat. Tiemo Rainer Peters, auch er ökumenischer Gesprächspartner, weist auf diese entscheidende Verbindung zwischen den verschiedenen Rezeptionsebenen hin. Er macht darauf aufmerksam, daß die Christologie-Vorlesung ebenso wie die vorangegangenen und auch die noch folgenden Schriften Bonhoeffers kein unmittelbares politisch-theologisches Programm formulieren, wohl aber die theologische Tiefendimension einer weltlichen politischen Praxis darstellt: »Die Christus-Frage ›Wer bist du?‹ ist also in Richtung neue Menschheit, entideologisierte Geschichte und humane Arbeitswelt zu stellen ... Wo sich die Gemeinde dieser Frage stellt, begegnet sie dem Geheimnis des erniedrigten Gottes, und geht mit ihm früher oder später ihren eigenen Weg der Erniedrigung.«[14]

Es ist nur folgerichtig, daß eine Kirche in nicht volkskirchlichen Bindungen eher bereit ist, diese Botschaft zu hören. Von daher erklärt sich auch das Interesse amerikanischer lutherischer Gemeinden an den Aussagen von »Christ the Center«. Zwar gibt es nach Bonhoeffer kein Gesetz, daß der Kirche eine bestimmte Form ihrer Existenz vorschreibt. Aber sie hat sich an der Niedrigkeit des Christus zu orientieren, in ihrer Sozialgestalt, in ihrem Dasein für andere, in ihrer Weltlichkeit, in der Wahrnehmung der Perspektive von unten. Der Ort, an dem diese

Standortbestimmung der Kirche vorgenommen wird, ist der jeweilige historische und politische Kontext, das Kriterium der Wahrheit ist die weltliche Praxis: »Losgelöst von einer kompromißlos engagierten Basis ist Dietrich Bonhoeffers kämpferische Theologie, deren Identität aus dem gelebten Experiment Kirche resultierte ... nicht zu rezipieren. Unpolitisch und folgenlos folgt die Rezeption jedenfalls nicht Bonhoeffer!«[15]

Die Rezeption des ganzen Bonhoeffer aber ist ein ökumenischer Prozeß, an dem alle beteiligt sind, die weiter buchstabieren, was nach Bonhoeffer Christsein heute bedeutet: »Beten und Tun des Gerechten unter den Menschen!«

Dietrich Bonhoeffer:
Christologie-Vorlesung 1933

Texte und Kontexte

Indem die Kirche Christus verkündigt, fällt sie schweigend vor dem Unaussprechbaren nieder. Gottes Wort ist das Unaussprechliche. Von Christus reden heißt schweigen. Von Christus schweigen heißt reden. Das ist gehorsames Rechtgeben der Offenbarung Gottes, die im Wort geschieht. Das Reden der Kirche im Schweigen ist die rechte Verkündigung des Christus. Beten heißt schweigen und schreien zugleich, beides vor Gott im Angesichte seines Wortes.

Dietrich Bonhoeffer, Christologie-Vorlesung, 1933
(DBW 12: 280)

Jesus Christus, wie er uns in der heiligen Schrift bezeugt wird, ist das eine Wort Gottes, das wir zu hören, dem wir im Leben und Sterben zu vertrauen und zu gehorchen haben.

Wir verwerfen die falsche Lehre, als könne und müsse die Kirche als Quelle ihrer Verkündigung außer und neben diesem einen Worte Gottes auch noch andere Ereignisse und Mächte, Gestalten und Wahrheiten als Gottes Offenbarung anerkennen.

These 1 der Barmer Theologischen Erklärung, 1934

Wer bist Du, bist Du Gott selbst? Um diese Frage geht es in der Christologie allein. Jede Möglichkeit der Einordnung muß darum fehl gehen, weil das Dasein dieses Logos das Ende meines Logos bedeutet. Er IST der Logos. Er IST das Gegenwort. Auf das »Sein« kommt es an! Die Frage nach dem »Wer« ist die Frage nach der Transzendenz. Die Frage nach dem »Wie« ist die Frage nach der Immanenz. Weil aber der, der gefragt ist, der Sohn selbst ist, darum vermag ihn die immanente Frage nach dem »Wie« nie zu erfassen. Nicht »wie« bist Du möglich? – das ist die gottlose Frage, die Frage der Schlange – sondern: »Wer« bist Du? Die Frage nach dem »Wer« drückt die Andersartigkeit des anderen aus. Die »Wer-Frage« ist zugleich die Existenzfrage des Fragenden. In der »Wer-Frage« fragt der Fragende nach dem ihn begrenzenden Sein. Sollte der Fragende als Antwort hören müssen, daß sein Logos seine Grenze erfährt, so ist der Fragende an die Grenze seiner Existenz gestoßen. Die Existenzfrage ist die Transzendenzfrage.

In unserer täglichen Sprache ist die Frage: »Wer bist Du?« wohl vorhanden. Aber sie ist jeweils auflösbar in die »Wie-Frage«. Sage mir, WIE Du bist, sage mir, WIE Du denkst, so will ich sagen, wer Du bist.

Die »Wer-Frage« ist die religiöse Frage schlechthin. Sie ist die Frage nach dem anderen Menschen, dem anderen Sein, der anderen Autorität. Sie ist die Frage der Liebe zum Nächsten. Die Transzendenzfrage und die Existenzfrage ist die Frage nach dem Nächsten, sie ist die Personfrage. Daß wir immer nach dem »Wie« fragen, ist unsere Fesselung an unsere eigene Autorität. Wenn wir fragen: WER bist Du, dann reden wir in der Sprache des gehorsamen Adam, aber wir DENKEN des gefallenen Adams »Wie«.

Können WIR denn noch die echte Frage nach dem WER stellen? Können wir denn, wenn wir nach dem WER fragen, etwas anderes als das WIE meinen? Nein, wir können es nicht. Das Geheimnis des WER bleibt uns verhüllt. Die letzte Frage des kritischen Denkens ist, daß sie nach dem WER fragen MUSS, aber nicht KANN. Das bedeutet: Nach dem WER kann nur dort legitim gefragt werden, wo sich der Gefragte selbst vorher schon offenbart hat, d.h. nach dem WER kann nur gefragt werden unter der Voraussetzung der bereits vorher geschehenen Antwort. Und dies wiederum heißt, die christologische Frage kann nur im Raum der Kirche gestellt werden unter Voraussetzung der Tatsache, daß der Anspruch Christi, das Wort Gottes zu sein, zurecht besteht. Es gibt ja doch nur ein Gott-Suchen aufgrund dessen, daß ich schon weiß, wer er ist. Es gibt kein blindes Drauflos-Suchen nach Gott. Ich kann nur etwas suchen, was bereits gefunden ist. »Du würdest mich nicht suchen, wenn du mich nicht schon gefunden hättest« (Pascal).

Damit ist der Ort, an dem unsere Arbeit einzusetzen hat, klar gegeben. In der Kirche, in der Christus sich als das Wort Gottes offenbart hat, stellt der menschliche Logos die Frage: Wer bist Du, Jesus Christus? Logos Gottes! Die Antwort ist gegeben. Die Kirche empfängt sie täglich neu. Es bleibt aber dem menschlichen Logos überlassen, die gegebene Frage zu verstehen, sie in ihrem Sein nachzudenken und zu analysieren. Aber es bleibt bei der Frage: »Wer«.

Dietrich Bonhoeffer, Christologie-Vorlesung, 1933
(DBW 12: 282-284)

Auch heute wieder frage ich mich,
wer du warst oder bist,
was du willst.

Viele wissen das besser,
einige folgen dir nach.

Wie aber kamst du auch noch auf mich?
bin doch nicht der,
den du brauchst.
Dennoch,
dennoch
komm ich nicht los
von dir.

Kurt Marti

Die Existenzfrage ist die Transzendenzfrage des Menschen. Transzendenz ist ja die Grenze des mir gegebenen Seins. Die Frage, die nach meiner Existenz fragt und sie infrage stellt, ist zugleich die Transzendenzfrage, weil von der Transzendenz her mein eigenes Sein infrage gestellt wird; theologisch ausgedrückt, weil von Gott her der Mensch allein weiß, wer er ist. Wenn nun die »Wer-Frage« die einzige Frage ist, in der ich über mein Sein hinaus frage, dann ist dies die Frage, die allein die Transzendenz- und Existenzfrage ist. Die »Wer-Frage« kann vom Menschen selbst nicht beantwortet werden. Die Existenz selbst kann die Frage nicht beantworten, weil die Existenz des Menschen nicht aus sich selbst heraustreten kann, ganz auf sich bezogen bleibt, sich in sich selbst spiegelt.

Der Mensch vernichtet das Wer, das ihm gegenübersteht. Wer bist Du? So fragt man Jesus. Er schweigt. Der Mensch kann die Antwort nicht abwarten. Der Mensch tötet ihn. Der Logos kann den Gegenlogos nicht ertragen, denn er weiß, einer muß sterben. Darum tötet der Logos den ihm gegenübertretenden, infrage stellenden Jesus-Christus-Logos und lebt weiter mit der unbeantworteten Existenz- und Transzendenzfrage. Aber den vom Tode auferstandenen Gegenlogos kann der Mensch nicht mehr töten. Den vernimmt er entweder überhaupt nicht oder er vernimmt ihn als den, der ihn fragt, wer bist Du? Daß Christus der Sohn ist, also die Frage an Christus, wer bist Du, ist ja beantwortet.

Der Mensch kann auch heute nicht an der Gestalt Jesu Christi vorbeikommen. Er muß sich mit ihr auseinandersetzen. Von der Auseinandersetzung mit Jesus hängt Leben und Tod, Heil und Verdammnis ab. Das ist – von außen gesehen – nicht einzusehen. Von der Kirche her ist dies der Satz, auf dem alles andere ruht: »Es ist in keinem anderen Heil!« Die Versuche, dieser Begegnung standzuhalten und zugleich ihr auszuweichen, sind tausendfach.

Christus in der Welt des Proletariats ist scheinbar erledigt wie die Kirche und die bürgerliche Gesellschaft überhaupt. Kein Anlaß scheint zu bestehen, der Begegnung mit Jesus einen qualifizierten Platz einzuräumen. Die Kirche ist Verdummungsanstalt und die Sanktionierung des kapitalistischen Systems. Und doch ist es nicht so. Man distanziert hier Jesus von seiner Kirche und ihrer Religion. Der Proletarier meint mit dem Wort, Jesus ist ein guter Mensch, mehr, als wenn der Bürger sagt, Jesus ist Gott. Jesus ist gegenwärtig in den Fabrikräumen als der Arbeiter; in der Politik als der ideale Idealist; im Leben des Proletariers als der gute Mensch. Er ist neben dem Proletarier als der in den Reihen des Proletariats gegen den Feind, den Kapitalismus, Kämpfende.

So geht Jesus Christus durch unsere Zeit, durch die Stände und Berufe, immer neu befragt, wer bist Du? und doch immer wieder neu von dem Menschen, der sich vor diese Frage gestellt weiß, getötet. Es sind alles Versuche, irgendwie mit Christus fertig zu werden. Das tut auch der Theologe. Man verrät überall den Menschensohn mit dem Judaskuß. Mit Jesus fertig werden wollen heißt, hier und dort ihn töten, ihn kreuzigen, ihm Schande antun, mit dem Spötter niederfallen und sagen: »Gegrüßet seist Du, Rabbi!« (3)

Nur zwei Möglichkeiten gibt es in der Begegnung des Menschen mit Jesus: Der Mensch muß sterben oder der Mensch tötet Jesus. Die Frage also, wer bist Du? bleibt immer noch zweideutig. Sie kann auch die Frage dessen sein, der dort, wo er sie stellt, sich selbst getroffen weiß und statt der Antwort die Gegenfrage hört, wer bist denn Du? So allein ist sie die Frage des an Jesus Gerichteten. Die »Wer-Frage« kann an Jesus nur dort gestellt werden, wo man sie an sich gerichtet weiß. Dann aber ist nicht der Mensch mit Jesus, sondern Jesus mit dem Menschen fertig geworden. Streng genommen ist also die »Wer-Frage« allein im Glauben sprechbar, wo sie ihre Antwort erhält.

Sofern die christologische Frage Frage unseres Logos bleibt, bleibt sie immer in der Zweideutigkeit der »Wie-Frage«. Sofern sie aber unter dem Akt des Glaubens steht, hat sie die Möglichkeit, die »Wer-Frage« zu stellen.

Dietrich Bonhoeffer, Christologie-Vorlesung, 1933
(DBW 12: 286-288)

In finsterer Zeit blutiger Verwirrung
Verordneter Unordnung
Planmäßiger Willkür
Entmenschter Menschheit
Wo nicht mehr aufhören wollen in unseren Städten die Unruhen:
In solche Welt, gleichend einem Schlachthaus
Herbeigerufen durch das Gerücht drohender Gewalttat
Wollen wir wieder einführen
Gott.
Wenig berühmt nur mehr
Fast schon berüchtigt
Nicht mehr zugelassen
An den Stätten des wirklichen Lebens:
Aber der Untersten einzige Rettung!
Drum haben wir uns entschlossen
Für ihn die Trommel zu rühren
Auf daß er Fuß fasse in den Quartieren des Elends
Und seine Stimme erschalle auf den Schlachthöfen.
Letzter Versuch also
Ihn noch einmal aufzurichten in zerfallender Welt, und zwar
Durch die Untersten.

Bertolt Brecht, Die heilige Johanna der Schlachthöfe, 1931

Es kommt alles darauf an zu wissen, ob Jesus Christus ein idealistischer Religionsstifter oder der Sohn Gottes selbst gewesen ist. Es hängt daran nicht weniger als das Leben und der Tod des Menschen. War er ein idealistischer Religionsstifter, so kann ich durch sein Werk erhoben werden, zur Nacheiferung angetrieben werden, aber meine Sünde ist mir nicht vergeben. Dann ist Gott immer noch zornig zu mir, und ich bin dem Tode verfallen. Jesu Werk führt mich in diesem Fall zur völligen Verzweiflung an mir selbst.

Ist aber das Werk Christi das Werk Gottes selbst, dann bin ich zwar nicht dazu aufgerufen, es Gott gleich zu tun, ihm nachzueifern, sondern ich bin dann in diesem Werk getroffen als einer, der das in keiner Weise selbst tun konnte. Aber zugleich habe ich in dieser Erkenntnis, in diesem Werk, durch diesen Jesus Christus den gnädigen Gott gefunden. Meine Sünde ist mir vergeben, ich bin nicht im Tod, sondern im Leben. Es hängt also von der Person Christi ab, ob sein Werk in der alten Welt des Todes vergeht oder in einer neuen Welt des Lebens ewig ist.

Aber wie soll die Person Christi anders erkannt werden als aus ihrem Werk? In diesem Einwand steckt der tiefste Irrtum. Auch das Werk Christi ist nicht eindeutig. Es bleibt der verschiedensten Interpretation zugänig. Sein Werk läßt doch auch die Auslegung zu, er ist ein Held, sein Kreuz ist die vollendete Tat der Überzeugungstreue eines mutigen Mannes. Es ist kein Punkt in seinem Werk, auf den man eindeutig hinweisen und sagen könnte, hier ist Jesus wirklich eindeutig und unzweifelhaft als Sohn Gottes zu erkennen aus seinem Werk. Dies ist der Sachverhalt, daß der Sohn ins Fleisch eingegangen ist, daß er in der Zweideutigkeit der Geschichte sein Werk tun will incognito. In diesem incognito ist die doppelte Unmöglichkeit der Erkenntnis der Person Jesu aus seinem Werk begründet; einmal weil der Rückschluß vom Werk auf die Person allgemein menschlich unmöglich ist und zum anderen, weil Jesus Gott ist und ein direkter Rückschluß von der Geschichte auf Gott nie möglich ist.

Ist aber dieser Weg zur Erkenntnis verschlossen, dann gibt es nur noch einen anderen Versuch, den Zugang zu Jesus zu finden. Und dieser kann sich nur auf den Ort beziehen, an dem sich die Person in ihrem eigenen Sein mir selbst offenbart. Nur durch die Offenbarung Christi erschließt sich mir seine Person und auch sein Werk.

Damit ist die theologische Priorität der christologischen Frage vor der soteriologischen Frage erwiesen. Ich muß erst wissen, wer der ist, der das tut, ehe ich weiß, was er getan hat. Dennoch wäre es falsch, den Schluß zu ziehen, Person und Werk zu trennen. Es geht hier nur um die Frage des Erkenntniszusammenhanges von Werk und Person, nicht um die Frage des realen Zusammenhanges von Person und Werk. Die Trennung ist nur eine theologisch methodische Notwendigkeit. Denn die theologische Frage kann ihrem Wesen nach nur an den ganzen Christus gestellt werden. Der geschichtliche, ganze Christus ist es, der befragt wird und antwortet. Aber in der Christologie wird er gefragt nicht um sein Tun, sondern um sein Sein. Abstrakt ausgedrückt: Die personale Seinsstruktur des ganzen geschichtlichen Christus ist der Gegenstand der Christologie.

Dietrich Bonhoeffer, Christologie-Vorlesung, 1933
(DBW 12: 290f.)

Was mich unablässig bewegt, ist die Frage, was das Christentum oder auch wer Christus heute für uns eigentlich ist. Die Zeit, in der man das den Menschen durch Worte – seien es theologische oder fromme Worte – sagen könnte, ist vorüber; ebenso die Zeit der Innerlichkeit und des Gewissens, und das heißt eben die Zeit der Religion überhaupt. Wir gehen einer völlig religionslosen Zeit entgegen; die Menschen können einfach, so wie sie nun einmal sind, nicht mehr religiös sein ... Wie kann Christus der Herr auch der Religionslosen werden? ... Was bedeutet eine Kirche, eine Gemeinde, eine Predigt, eine Liturgie, ein christliches Leben in einer religionslosen Welt? ... Wie sprechen wir »weltlich« von »Gott«, wie sind wir »religionslos-weltlich« Christen, wie sind wir ek-klesia, Herausgerufene, ohne uns religiös als Bevorzugte zu verstehen, sondern vielmehr als ganz zur Welt Gehörige? Christus ist dann nicht mehr Gegenstand der Religion, sondern etwas ganz anderes, wirklich Herr der Welt.

Dietrich Bonhoeffer, Brief aus der Haftanstalt Tegel, 1944 (DBW 8: 402-405)

Jesus ist als der Gekreuzigte und Auferstandene zugleich der gegenwärtige Christus. Das ist die erste Aussage: Christus als der gegenwärtige geschichtliche Christus. Seine Gegenwart ist zeitlich und räumlich zu verstehen. Jetzt und Hier, beides läuft zusammen im Begriff der Kirche. Christus ist in seiner Person gegenwärtig in der Kirche, und zwar als Person. Die Gegenwart Christis ist also in der Kirche. Nur weil Christus der gegenwärtige Christus ist, können wir ihn noch befragen. Nur weil sich in der Kirche die Verkündigung und das Sakrament vollzieht, darum kann nach Christus gefragt werden.

Die Gegenwart Jesu Christi erzwingt den Satz, Jesus ist ganz Mensch, und den anderen, Jesus ist ganz Gott, sonst wäre er nicht gegenwärtig. Damit ergibt sich aus der Gegenwart Christi eine doppelte Bestimmheit als Mensch und als Gott. Unmöglich ist daher die Frage, wie der Mensch Jesus mit uns gleichzeitig sein könne. Als wenn es diesen Jesus in der Isolierung gäbe! Ebenso unmöglich ist die

Frage, wie Gott in der Zeit sein könne. Als ob es diesen isolierten Gott gäbe! Sinnvoll ist nur die Frage, wer ist gegenwärtig, gleichzeitig, anwesend? Antwort: der Mensch-Gott Jesus. Ich weiß nicht, wer der Mensch Christus ist, wenn ich nicht gleichzeitig den Gott-Christus denke und umgekehrt. Gott in seiner zeitlosen Ewigkeit ist NICHT Gott. Jesus Christus in seiner zeitbegrenzten Menschlichkeit ist NICHT Jesus Christus. Vielmehr in dem Menschen Jesus Christus ist Gott Gott. Allein in Jesus Christus ist Gott gegenwärtig.

Der Ausgangspunkt der Christologie muß der Gott-Mensch sein. Raum-Zeitlichkeit ist nicht nur die menschliche, sondern auch die göttliche Bestimmung Christi. Der raum-zeitlich gegenwärtige Gott-Mensch ist verhüllt in der »Gestalt des Fleisches« (Röm 8,3). Die Gegenwart Christi ist verhüllte Gegenwart. Aber nicht Gott ist verhüllt im Menschen, sondern der Gott-Mensch als ganzer ist verhüllt, und zwar ist das Prinzip der Verhüllung die »Gestalt des Fleisches«.

Damit verschiebt sich das Problem: Nicht das Verhältnis von Gott und Mensch in Jesus Christus, sondern das Verhältnis des schon gegebenen Gott-Menschen zur »Gestalt des Fleisches«. Der Gott-Mensch ist gegenwärtig in der Gestalt des Fleisches, in der Gestalt des Ärgernisses. Die Verhüllung des GEGENWÄRTIGEN Christus besteht für uns in der Verkündigung der Kirche. Jesus Christus als der schon seiende Gott-Mensch ist der Kirche allein gegenwärtig in der ärgerlichen Gestalt ihrer Verkündigung. Der verkündigte Christus ist der wirkliche Christus. Die Ärgerlichkeit liegt nicht in der Verhüllung Gottes, sondern in der Verhüllung des Gott-Menschen. Menschheit Christi und Niedrigkeit Christi sind wohl und sorgsam zu unterscheiden. Mensch ist Jesus Christus als der Erniedrigte und als der Erhöhte. Ärgerlich ist Jesus Christus allein als der Erniedrigte. Die Lehre vom Ärgernis hat nicht in der Lehre von der Menschwerdung Gottes, sondern in der Lehre von dem Stand der Erniedrigung vom Gott-Menschen ihren Ort. Für uns bedeutet das, daß die Gegenwart des Gott-Menschen als des Auferstandenen, d.h. Erhöhten, zugleich die Gegenwart des erniedrigten Christus ist.

Gegenwart in der dreifachen Gestalt des Wortes, des Sakramentes, der Gemeinde: Die Grundfrage der Gegenwart Christi ist nicht beantwortet. Sie darf nicht lauten: Wie kann der Mensch Jesus hier gleichzeitig sein oder der Gott Jesus? Die Frage muß lauten: Kraft welcher Personstruktur ist Christus der Kirche gegenwärtig? Antwortet man, kraft seiner Gott-Menschlichkeit, so ist das richtig, aber noch nicht expliziert. Die »Pro-me-Struktur« ist es. Das Sein der Person Christi ist wesenhaft Bezogenheit auf mich. Sein Christus-Sein ist sein Pro-me-Sein. Dieses Pro-me will nicht verstanden sein als eine Wirkung, die von ihm ausgeht, sondern es will verstanden werden als das Sein der Person selbst. D.h. daß ich Jesus Christus nie in seinem An-sich-Sein denken kann, sondern nur in seiner Bezogenheit auf mich. Das wieder heißt, daß ich Christus nur im existentiellen Bezug auf ihn und zugleich nur in der Gemeinde denken kann. Nicht in Christus an sich und außerdem in der Gemeinde, sondern der Christus, der der einzige Christus ist, ist der Gegenwärtige in der Gemeinde pro me.

Der Gott-Mensch Jesus Christus ist der in seiner Pro-me-Struktur der Kirche in seiner Person Gegenwärtige als Wort, Sakrament und Gemeinde.

Dietrich Bonhoeffer, Christologie-Vorlesung, 1933
(DBW 12: 291f., 294-297)

Die christliche Kirche ist die Gemeinde von Brüdern, in der Jesus Christus durch Wort und Sakrament durch den Heiligen Geist als der Herr gegenwärtig handelt. Sie hat mit ihrem Glauben wie mit ihrem Gehorsam, mit ihrer Botschaft wie mit ihrer Ordnung mitten in der Welt der Sünde als die Kirche der begnadigten Sünder zu bezeugen, daß sie allein sein Eigentum ist, allein von seinem Trost und von seiner Weisung in Erwartung seiner Erscheinung lebt und leben möchte.

Wir verwerfen die falsche Lehre, als dürfe die Kirche die Gestalt ihrer Botschaft und ihrer Ordnung ihrem Belieben oder dem Wechsel der jeweils herrschenden weltanschaulichen und politischen Überzeugungen überlassen.

These 3 der Barmer Theologischen Erklärung, 1934

Daß Christus das Wort ist, heißt, daß er die Wahrheit ist. Wahrheit ist nur im Wort und durch das Wort. Geist ist ursprünglich Wort, nicht Kraft, Tat, Gefühl. »Am Anfang war das Wort und durch das Wort sind alle Dinge getan.« Nur als Wort ist der Geist Kraft und Tat.

Als das Wort Gottes ist es die Wahrheit, die zerstört und schafft. Natürlich hat Gott die Freiheit, Wege zu gehen, die wir nicht kennen. Er hat die Freiheit, sich auf andere Weise zu offenbaren. Aber Gott hat sich in dem Wort offenbaren wollen. Und er kann nicht anders als in diesem Wort zum Menschen reden. Gott hat sich selbst gebunden. Sein Wort zu ändern, steht bei Gott nicht.

Daß Christus das Wort ist und nicht ein Stein, das heißt, daß Christus um des Menschen willen da ist. Weil der Mensch einen Logos hat, darum begegnet Gott dem Menschen im Logos. Die Wahrheit des menschlichen Logos ist darum ursprünglich im Wort, weil das Wort allein den klaren, eindeutigen Sinn vermittelt. Klarheit und Eindeutigkeit gehören zum Wesen des Wortes. Das Wort legt sich seinem Wesen nach selbst aus. In dieser Klarheit und Einhelligkeit liegt die Allgemeingültigkeit begründet. In diesen Menschenlogos eingegangen zu sein, ist die Erniedrigung Jesu Christi.

Christus als das Wort Gottes ist von dem Menschenlogos darin unterschieden und geschieden, daß er das Wort in der Gestalt des lebendigen Wortes an den Menschen ist, während das Wort des Menschen Wort in der Gestalt der Idee ist. Das sind die Strukturen des Wortes überhaupt: Anrede und Idee. Aber beide schließen einander aus. Unser menschliches Denken kennt nur noch die eine Form des Wortes als die Idee. Zur Idee gehört der Gedanke der allgemeinen Zugänglichkeit. Die Idee liegt da. Der Mensch kann sie aus freien Stücken annehmen, sich aneignen.

Dem aber steht in völliger Umkehrung gegenüber das Wort nicht als Idee, sondern als Anrede. Bleibt das Wort als Idee wesentlich bei sich selbst, so ist es als Anrede nur möglich als Wort zwischen zweien, als Anrede und Antwort, Verantwortung. Es ist nicht zeitlos, sondern ereignet sich in der Geschichte. Es ist darum nicht allgemein und jedem jederzeit zugänglich, sondern es geschieht dort, wo die Anrede vom anderen her geschieht. Das Wort liegt ganz in der Freiheit des Redenden. Es ist in seinem Wesen einmalig und jedesmal neu. In seinem Anredecharakter liegt es, daß es Gemeinschaft begehrt. In seinem Wahrheitscharakter liegt es, daß es die Gemeinschaft nur darin sucht, daß es den anderen in die Wahrheit stellt. Wahrheit ist hier etwas, was zwischen zweien geschieht und was nicht ewig in sich ruht. Wahrheit geschieht nur in der Gemeinschaft von zweien. Christus als Wort Gottes im Sinne der Anrede bedeutet nicht Christus als zeitlose Wahrheit, sondern in den konkreten Augenblick hereinbrechende Wahrheit als die Anrede Gottes an uns. Christus ist darum nicht zeitlos allgemein zugänglich als Idee, sondern er wird als Wort nur vernommen, wo er sich selbst vernehmen läßt, d.h. es liegt alles an seiner

Freiheit, sich mir zu offenbaren oder zu verhüllen. Allein der Vater im Himmel offenbart Christus, wann und wo er will. Christus als Wort bringt die Kontingenz seiner Offenbarung und zugleich die Bindung an den Menschen durch sein Wort zum Ausdruck. Christus ist als Anrede Gottes wesentlich pro me.

Es handelt sich in Christus nicht um einen neuen Gottesbegriff oder eine neue Morallehre. Es handelt sich um eine personhafte Anrede Gottes, in der er den Menschen zur Verantwortung zieht.

»Ich bin der Weg und die Wahrheit und das Leben.« Dies ist gesehen als die schlechthin einmalige Möglichkeit der Offenbarung Gottes in dem, der das Wort ist in seiner Person.

Dieser Christus, der das Wort in Person ist, ist gegenwärtig im Wort der Kirche oder als Wort der Kirche. Seine Gegenwart ist ihrem Wesen nach sein Dasein als Predigt. Wäre das nicht so, dann käme der Predigt nicht der ausschließliche Platz zu, der ihr in der Reformation gegeben ist. Die Predigt ist die Armut und der Reichtum unserer Kirche. Die Predigt ist die Gestalt des gegenwärtigen Christus, an die wir gebunden sind, an die wir uns zu halten haben. Ist nicht der ganze Christus in der Predigt, dann zerbricht die Kirche. Menschenwort und Gotteswort verhalten sich nicht einfach exklusiv, sondern das Gotteswort Jesus Christus ist als das menschgewordene Gotteswort das in die Erniedrigung des Menschenwortes eingegangene Gotteswort. So sagt Luther: »Auf diesen Menschen sollst Du zeigen und sprechen, das ist Gott!« Wir sagen, auf dieses Menschenwort sollst Du zeigen und sagen, das ist Gott! Christus ist in der Kirche als gesprochenes Wort in der doppelten Gestalt von Predigt und Sakrament.

Dietrich Bonhoeffer, Christologie-Vorlesung, 1933
(DBW 12: 297-300)

Wir wohnen
Wort an Wort
Sag mir
dein liebstes
Freund
meines heißt
Du.

Rose Ausländer

Wir können nur mit Gott reden,
wenn wir unsere Arme um die Welt legen.

Martin Buber

Christus ist ganz Wort, Sakrament ist ganz Wort. Sakrament ist vom Wort unterschieden, sofern es als Sakrament in der Kirche eigene Existenzberechtigung hat.

Das Sakrament ist Wort Gottes, denn es ist Verkündigung des Evangeliums, und zwar durch das Wort geheiligte und gedeutete Handlung. Die Zusage »Vergebung der Sünden« macht das Sakrament zu dem, was es ist. Wer dem Wort im Sakrament glaubt, hat das ganze Sakrament.

Das Wort im Sakrament ist leibgewordenes Wort. Das Sakrament ist die Gestalt des Wortes, das dadurch, daß Gott es spricht, Sakrament wird. Die Leibgestalt des Sakramentes ist nur durch das Wort, ist aber nur als Wort, als leibgewordenes Wort. Das Sakrament soll in der Gestalt der Natur den Menschen in seiner Natur ergreifen.

Die gefallene Schöpfung ist nicht mehr die Schöpfung des ersten Wortes. »Ich« ist nicht mehr das von Gott genannte »Ich«. VOLK ist nicht mehr VOLK, GESCHICHTE nicht mehr GESCHICHTE, KIRCHE nicht mehr KIRCHE. Damit ist die Kontinuität von Wort und Geschöpf verloren gegangen. Darum ist die natürliche Welt nicht mehr durchsichtige Welt. Darum ist die ganze Schöpfung nicht mehr Sakrament. Sakrament ist allein dort, wo Gott mitten in der kreatürlichen Welt ein Element mit seinem besonderen Wort benennt, anspricht und heiligt, indem er ihm den Namen gibt. So wird dieses Element durch den Anspruch Gottes das, was es ist. So geschieht es im Abendmahl, daß Gott die Elemente Brot und Wein durch sein Wort heiligt. Sein Wort heißt aber Jesus Christus. Durch Jesus Christus ist das Sakrament geheiligt und gedeutet. Gott hat sich mit seinem Wort an das Sakrament gebunden, d.h. Jesus Christus ist ein an das Sakrament Gebundener. Der ganze Gott-Mensch Jesus Christus ist im Sakrament gegenwärtig.

Als Jesus Christus ist das Sakrament wesentlich Wort. Gegenüber dem Versuch, Christus als doctrina, als allgemeine Wahrheit zu verstehen, behauptet die Kirche Christus als Sakrament und das sagt, daß er nicht doctrina in seinem Wesen ist. Damit ist dem Irrtum gewehrt, als sei Christus nur Idee und nicht Geschichte und Natur zugleich.

Aber nicht jede Natur und alles Leibliche ist bestimmt, Sakrament zu werden. Die Gegenwart Christi bleibt beschränkt auf Predigt und Sakrament. Warum nun gerade diese Sakramente? Die protestantische Kirche sagt, weil sie von Jesus Christus eingesetzte Handlungen sind. Einsetzung durch Jesus Christus darf hier nichts anderes bedeuten als von dem erhöhten, gegenwärtigen Christus seiner Gemeinde gegeben. Sie sind nicht Symbol, sondern Wort Gottes. Sie BEDEUTEN nicht etwas, sondern sie SIND etwas.

Das Sakrament ist nicht die Verhüllung eines leiblosen Wortes Gottes im Leibe, so daß es im Sakrament um eine zweite Menschwerdung ginge, sondern das fleischgewordene Wort Gottes, der menschgewordene Gott, der Gott-

Mensch, ist nun im Sakrament in der Gestalt des Ärgernisses. Gott ist geoffenbart im Fleisch, aber verhüllt im Ärgernis. Daraus ergibt sich, daß die Frage nach der Gegenwart Christi im Sakrament nicht analysiert werden darf als die Frage nach der Menschheit und Gottheit Christi, sondern als die Frage der Gegenwart des Gott-Menschen in der Gestalt der Erniedrigung, des Ärgernisses.

Wer ist der im Sakrament gegenwärtige Christus? Der Gott-Mensch, der Erhöhte! Jesus existiert so, daß er existentialiter der im Sakrament Gegenwärtige ist. Sein Sakramentsein ist nicht ein besonderer Wille von ihm, nicht eine Eigenschaft, sondern er existiert wesentlich als Sakrament in der Kirche, und zwar weil er der Erniedrigte ist. Sein Sakramentsein ist seine gegenwärtige Erniedrigung, seine Existenz ist erniedrigte Existenz.

Worin unterscheidet sich der IM uns ALS Sakrament gegenwärtige Christus von dem IN und ALS Wort gegenwärtige Christus? In nichts. Es ist der eine vergebende und richtende Christus, der Wort ist und hier wie dort bleibt. Christus ist im Sakrament uns gegenwärtig in der Sphäre der faßbaren Natur unseres Leibes. Hier ist er als Geschöpf neben uns, mitten unter uns als Bruder neben Bruder. Er ist als Sakrament die wiederhergestellte Schöpfung unserer geist-leiblichen Existenz, er ist die neue Kreatur, und zwar so, daß er der im Brot und Wein erniedrigte Mensch ist. Weil er als die neue Kreatur im Brot und Wein ist, darum ist Brot und Wein neue Schöpfung. Brot und Wein sind wesentlich und realiter die neue Nahrung des im Glauben empfangenden Menschen. Sie sind als wiederhergestellte Schöpfung nichts mehr an sich und für sich, sondern für den Menschen. Dieses Für-den-Menschen-Sein ist ihr neues Geschaffenwerden. Christus ist im Sakrament gegenwärtig als Schöpfer der Natur und als Geschöpf zugleich. Als Schöpfer ist er gegenwärtig als UNSER Schöpfer, der uns durch diese neue Kreatur selbst zur neuen Kreatur macht. Die Frage,

WIE das sein kann, ist umzubiegen in die Frage, wer ist der, der so ist. Und die Antwort lautet: der geschichtliche, gekreuzigte, auferstandene, zum Himmel gefahrene Jesus von Nazareth, der Gott-Mensch, aber hier offenbart als Bruder und Herr, Geschöpf und Schöpfung.

Dietrich Bonhoeffer, Christologie-Vorlesung, 1933
(DBW 12: 300-302, 304f.)

Die Kirche lehrt, daß Gott am Anfang die Welt aus dem Nichts geschaffen hat und ihr Herr ist. Wir empfangen diesen Glauben allein aus der Verkündigung der Offenbarung des dreieinigen Gottes, wie sie uns die Kirche auf Grund der Heiligen Schrift bezeugt. In diesem durch dies Zeugnis gegebenen Sinn vermag die fromme natürliche Erkenntnis Gott nicht als Schöpfer und die Welt nicht als Schöpfung zu erfassen ...

Glaube und natürliche Erkenntnis sind darum nicht mehr eins, weil wir in einer gefallenen Welt leben ...

Darum sind wir zur Erkenntnis Gottes allein auf seine Selbstoffenbarung, bezeugt durch die Heilige Schrift, verkündigt durch die Predigt der Kirche, angewiesen.

Wir verwerfen die Irrlehre, daß diese Welt, wie sie ist, dem ursprünglichen Schöpfungswillen Gottes entspricht und darum ungebrochen bejaht werden müsse ...

Wir verwerfen die Irrlehre, daß der Kampf das Grundgesetz der ursprünglichen Schöpfung sei und kämpferische Haltung darum ein von der ursprünglichen Schöpfung her gesetztes Gebot Gottes ...

Wir verwerfen die Irrlehre, daß Gott aus einer bestimmten »geschichtlichen Stunde« unmittelbar zu uns rede und sich in einem unmittelbaren Handeln in der Schöpfung offenbare ...

Wir verwerfen die Irrlehre, daß des Volkes Stimme Gottes Stimme sei, als schwärmerische Geschichtsdeutung.

Aus dem Betheler Bekenntnis, 1933
(DBW 12: 371-374)

Als Wort und Sakrament ist Christus gegenwärtig als Gemeinde. Die Gegenwart Christi als Wort und Sakrament verhält sich zu Christus als Gemeinde wie Realität und Gestalt. Christus ist die Gemeinde kraft seines Prome-Seins. Er handelt als die neue Menschheit. Die Gemeinde zwischen Himmelfahrt und Wiederkunft ist seine Gestalt. Was heißt das, daß Wort und Sakrament Gemeinde sind?

Wort ist als Wort Gottes Gemeinde, d.h. es hat zeit-räumliche Existenz. Es ist nicht nur das schwache Wort menschlicher Lehre, sondern machtvolles Schöpferwort. Es schafft sich die Gestalt der Gemeinde, indem es spricht. Gemeinde ist Wort Gottes, sofern Wort Gottes Offenbarung Gottes ist. Nur weil die Gemeinde selbst Wort Gottes ist, kann sie Wort Gottes allein verstehen. Offenbarung versteht man nur aufgrund von Offenbarung. Wort ist in der Gemeinde, sofern die Gemeinde Empfängerin des Wortes ist.

Auch das Sakrament ist in der Gemeinde und als Gemeinde da. Es hat über das Wort hinaus an sich schon eine leibliche Gestalt. Diese Gestalt seiner Verleiblichung ist der Leib Christi selbst und ist als solcher zugleich die Gestalt der Gemeinde. Sie ist kein bloßes Bild, die Gemeinde IST Leib Christi. Sie ist es wirklich. Der Begriff des Leibes auf die Gemeinde angewandt, ist nicht ein Funktionsbegriff, der sich auf die Glieder bezöge, sondern er ist ein Begriff der Existenzweise des gegenwärtigen, erhöhten und erniedrigten Christus.

Sofern die Gemeinde Gemeinde ist, sündigt sie nicht mehr. Aber sie bleibt in der Welt des alten Adam. Und als solche ist sie noch unter dem Äon der Sünde. Christi Sein als Gemeinde ist wie sein Sein als Wort ein Sein in der Gestalt des Ärgernisses.

Dietrich Bonhoeffer, Christologie-Vorlesung, 1933
(DBW 12: 305f.)

Die verschiedenen Ämter in der Kirche begründen keine Herrschaft der einen über die anderen, sondern die Ausübung des der ganzen Gemeinde anvertrauten und befohlenen Dienstes.
    Wir verwerfen die falsche Lehre, als könne und dürfe sich die Kirche abseits von diesem Dienst besondere, mit Herrschaftsbefugnissen ausgestattete Führer geben oder geben lassen.

These 4 der Barmer Theologischen Erklärung, 1934

Fragen wir nach dem Ort des Christus, so fragen wir nach der »Wo-Struktur« innerhalb der »Wer-Struktur« des Christus. Wo steht er? Für mich, an meiner Stelle, wo ich stehen sollte. Er steht dort, weil ich da nicht stehen kann, d.h. er steht an der Grenze meiner Existenz und doch an meiner Stelle. Das ist ein Ausdruck für die Tatsache, daß ich durch eine von mir unüberschreitbare Grenze von dem Ich, das ich sein soll, getrennt bin. Die Grenze liegt zwischen meinem alten und neuen Ich, also in der Mitte zwischen mir und mir. Als die Grenze ist Christus zugleich mir wiedergefundene Mitte. Als Grenze kann die Grenze nur vom Jenseits der Grenze aus gesehen werden. Darauf kommt es an, daß der Mensch, indem er seine Grenze in Christus erkennt, in dieser Grenze zugleich seine neue Mitte wiedergefunden sieht. Das ist das Wesen von Christi Person, in der Mitte zu sein. Der in der Mitte Seiende ist derselbe, der in der Kirche als Wort und Sakrament gegenwärtig ist. Bringen wir die Frage nach dem Wo zurück in die Frage nach dem Wer, so ist die Antwort gegeben: Christus ist als der pro me Daseiende der Mittler. Das ist sein Wesen und seine Existenzweise.

Das In-der-Mitte-Sein bedeutet ein Dreifaches: Das Dasein für den Menschen, das Dasein für die Geschichte, das Dasein für die Natur. Es ist das Pro-me Christi übersetzt in die Wo-Struktur. Die Mittlerschaft muß sich darin erweisen, daß er als die Mitte der Existenz, Geschichte und Natur verstanden werden kann.

Mitte unserer Existenz ist nicht Mitte unserer Persönlichkeit. Christus ist nicht die vorfindliche Mitte, sondern die geglaubte Mitte. Mitte aber ist in der gefallenen Welt zugleich Grenze. Der Mensch steht zwischen Gesetz und Erfüllung. Er hat das Gesetz, aber nicht die Möglichkeit der Erfüllung des Gesetzes. Christus als die Mitte bedeutet, daß er das erfüllte Gesetz ist. Damit ist er zugleich die Grenze und das Gericht über den Menschen. Aber Christus ist nicht nur das Ende der Existenz, d.h. Grenze, sondern Anfang der neuen Existenz, und das heißt Mitte. Daß Christus die Mitte unserer Existenz ist besagt, daß er das Gericht und die Rechtfertigung ist.

Dietrich Bonhoeffer, Christologie-Vorlesung, 1933
(DBW 12: 306f.)

Große Programme führen uns immer nur dorthin, wo wir selbst sind; wir aber sollten uns nur dort finden lassen, wo Christus ist. Wir können ja nirgends anders mehr sein, als wo Er ist. Ob Ihr drüben oder ich in Amerika arbeite, wir sind beide nur, wo Er ist. Er nimmt uns mit. Oder bin ich doch dem Ort ausgewichen, an dem Er ist? An dem Er für mich ist?

Dietrich Bonhoeffer, Tagebuch der Amerika-Reise, 1939
(DBW 15: 218)

Christus ist die Mitte der Geschichte, indem er ihre Grenze und die Mitte zugleich ist, d.h. Geschichte lebt zwischen Verheißung und Erfüllung. Die Geschichte trägt eine Verheißung in sich, Gottes Volk zu werden, die Verheißung auch des Messias. Diese Verheißung ist überall lebendig geworden. Die Geschichte lebt nur auf die Erfüllung dieser Verheißung hin; d.h. Geschichte ist wesentlich messianische Geschichte. Der Sinn der Geschichte ist nichts anderes als das Kommen des Messias. Aber sie steht unter der Verheißung wie der einzelne unter dem Gesetz, d.h. sie kann die Verheißung allein nicht erfüllen. Die Geschichte will sich in dem Messias selbst verherrlichen. Die Geschichte quält sich in Richtung auf die unmögliche Erfüllung einer entarteten Verheißung. Die Geschichte weiß um ihre messianische Bestimmtheit, aber sie scheitert an ihr. Nur an einer Stelle bricht sich gegen den Strom der messianischen Verheißung der Gedanke Bahn, daß der Messias nicht die anschauliche vorfindliche Mitte des Geschichtsraumes sein könne, sondern daß der Messias die von Gott gesetzte, verborgene Mitte der Geschichte sein werde und müsse. So steht Israel mit seiner prophetischen Hoffnung allein unter den Völkern. So wird Israel der Ort, an dem Gott diese Verheißung erfüllt. Daß Christus der Messias sei, ist nicht zu beweisen, sondern er kann nur verkündigt werden. Dieser Satz besagt, daß

Christus zugleich die Zerstörung als auch die Erfüllung der messianischen Erwartung der Geschichte ist. Zerstört ist sie, weil ihre Erfüllung verborgen geschieht. Erfüllt ist sie, indem der Messias nun wirklich da ist. Der Sinn der Geschichte wird verschlungen von einem in der Tiefe der Verborgenheit menschlichen Lebens im Kreuz sich ereignenden Geschehen. Der Sinn der Geschichte geschieht in dem erniedrigten Christus. Damit ist jeder andere Anspruch der Geschichte erledigt, gerichtet, zerstört. Die Geschichte ist mit all ihren Verheißungen hier an ihre Grenze gebracht. Sie ist ihrem Wesen nach am Ende. Aber damit ist die Grenze zugleich wieder die Mitte. So ist auch hier Christus Grenze und Mitte des Seins der Geschichte. Dort, wo auch die Geschichte stehen sollte, steht Christus vor Gott. So ist er auch der Mittler der Geschichte.

Die Kirche soll als Mitte der Geschichte verstanden werden. Die Kirche ist die Mitte einer Geschichte, die vom Staat gemacht wird. Die Kirche muß als die Mitte, die verborgene Mitte des Staates verstanden werden. Die Kirche als der gegenwärtige Christus bewährt ihr Sein in der Mitte nicht darin, daß sie in die sichtbare Mitte des Staates gestellt wird, nicht darin, daß sie Staatskirche würde. Nicht in ihrer sichtbaren Stellung innerhalb des staatlichen Raumes bewährt sie ihre Stellung im Staate, sondern allein darin, daß die Kirche den Staat richtet und rechtfertigt, wenn es das Wesen des Staates ist, durch Recht und Ordnung schaffendes Handeln den Sinn des Volkes seiner Erfüllung entgegenzubringen. So liegt in jedem Staat unter dem Gedanken der Ordnungschaffung der messianische Gedanke verborgen.

Die Kirche als die Mitte des Staates ist nun die Grenze des Staates, indem sie die Durchbrechung aller menschlichen Verheißung am Kreuz Christi erkennt und verkündigen muß. Sie verkündigt im Kreuz zugleich die Bejahung der Ordnung wie auch ihre endgültige Durchbrechung und Aufhebung durch Gottes Eintreten in die Geschichte und sein Sterbenmüssen in der Geschichte.

Dietrich Bonhoeffer, Christologie-Vorlesung, 1933
(DBW 12: 308f.)

Die Prophezeiung der Ankunft des Messias ist für die Juden immer noch unerfüllt. Wie würde sich die Welt verwandeln, wenn diese Prophezeiung wahr würde?

Shalom Ben-Chorin: Die Welt würde zum Reich Gottes, zum Reich des Friedens, der Gerechtigkeit und der Liebe unter den Menschen. Die Völker würden ihre Schwerter zu Pflugscharen und ihre Spiesse zu Rebmessern umschmieden, wie es bei Jesaja und Micha heißt. Kein Volk wird mehr gegen das andere das Schwert erheben, und niemand wird mehr das Kriegshandwerk erlernen ... Ich sehe das als Ziel der Geschichte, und wenn ich das nicht glauben würde, dann hätte ich keine Hoffnung ... Ich meine, dieses Warten auf das Reich Gottes ist nur dann sinnvoll, wenn es kein passives Warten ist, sondern ein aktives. Wenn wir wissen, daß wir aufgerufen sind, Werke des Friedens der Gerechtigkeit und der Liebe in unserem Leben zu verwirklichen. Sehr schön hat es Rabbi Tarphon in den Sprüchen der Väter ausgedrückt: »Es ist dir nicht gegeben, das Werk zu vollenden, aber du bist nicht davon befreit, es zu beginnen.«

Aus einem Interview mit Shalom Ben-Chorin

Nicht die Kirche, sondern der Staat schafft und wandelt das Recht. Dem Zuwenig an Ordnung und Recht steht das Zuviel an Ordnung und Recht gegenüber. Es besagt, daß der Staat seine Gewalt so ausbaut, daß er der christlichen Verkündigung und dem christlichen Glauben sein eigenes Recht raubt. Diesen Übergriff der staatlichen Ordnung muß die Kirche zurückweisen, eben aus ihrem besseren Wissen um den Staat und die Grenzen seines Handelns. Der Staat, der die christliche Verkündigung gefährdet, verneint sich selbst. Das bedeutet eine dreifache Möglichkeit kirchlichen Handelns dem Staat gegenüber: erstens die an den Staat gerichtete Frage nach dem legitim staatlichen Charakter seines Handelns, d.h. die Verantwortlichmachung des Staates. Zweitens der Dienst an den Opfern des Staatshandelns. Die Kirche ist den Opfern jeder Gesellschaftsordnung in unbedingter Weise verpflichtet, auch wenn sie nicht der christlichen Gemeinde zugehören ... Die dritte Möglichkeit besteht darin, nicht nur die Opfer unter dem Rad zu verbinden, sondern dem Rad selbst in die Speichen zu fallen. Solches Handeln wäre unmittelbar politisches Handeln der Kirche und ist nur dann möglich und gefordert, wenn die Kirche den Staat in seiner Recht und Ordnung schaffenden Funktion versagen sieht.

Dietrich Bonhoeffer, Die Kirche vor der Judenfrage, 1933 (DBW 12: 353f.)

Christus ist die neue Kreatur. Als die neue Kreatur stellt Christus alle andere Kreatur als alte Kreatur hin. Die Natur steht unter dem Fluch, den Gott auf Adams Acker gelegt hat, während es ursprüngliche Aufgabe für die Natur war, Wort Gottes zu sein und zu verkündigen. Aber als gefallene Kreatur ist sie nun stumm, geknechtete, unfreie, unterworfene Kreatur, Kreatur in der Schuld, in dem Verlust ihrer Freiheit; Kreatur, die einer neuen Freiheit harrt.

Natur ist also zwischen Knechtschaft und Befreiung, Knechtschaft und Erlösung. Natur wird also nicht versöhnt, sondern erlöst zur Freiheit. Was sind die Katastrophen der Natur anderes als der dumpfe Wille der Natur, sich selbst frei zu machen, neue Kreatur von sich aus zu sein?

In den Sakramenten der Kirche wird die alte Kreatur befreit von ihrer Knechtung zur neuen Freiheit. Christus kann als die erlösende Kreatur in der Natur nicht bewiesen, sondern nur gepredigt werden. Die geknechtete Kreatur ist aber nur auf Hoffnung erlöst. In der geknechteten Kreatur ist ein Zeichen aufgerichtet, in dem die Elemente der alten Kreatur zu den Elementen der neuen Kreatur geworden sind. Inwiefern? Als sie befreit sind von ihrer Stummheit, von ihrer Deutung durch den Menschen. Diese Elemente sagen von sich aus, was sie sind. Im Sakrament allein ist Christus die Mitte der Natur als der Mittler zwischen Natur und Gott.

Christus als die Mitte der menschlichen Existenz, der Geschichte und der Natur, das ist nie abstrakt und voneinander zu unterscheiden. Faktisch ist die menschliche Existenz zugleich Geschichte und Natur. Christus als die Mitte heißt, Christus als der Mittler der unter der Knechtung stehenden Schöpfung ist die Erfüllung dieses Gesetzes, die Befreiung aus dieser Knechtschaft für den ganzen Menschen. Das alles ist er nur, weil er der an meiner Stelle für mich vor Gott pro me Seiende ist. Christus als der Mittler ist genau das Ende der alten, der gefallenen, und der Anfang der neuen Welt Gottes.

Dietrich Bonhoeffer, Christologie-Vorlesung, 1933
(DBW 12: 310f.)

Die Kirche lehrt, daß Gott in seiner Geduld den Menschen in der gefallenen Welt leben läßt und erhält. Um die Menschen vor der Zügellosigkeit ihrer Selbstsucht und vor ihrer eigenen Selbstvernichtung zu bewahren, zwingt Gott das menschliche Leben in feste Ordnungen. Diese Ordnungen sind nicht die Ordnungen der ursprünglichen Schöpfung, sondern Ordnungen, in denen Gott die Menschen am Leben erhält um der Zukunft Christi und der Neuschöpfung willen ...

Wir verwerfen die Irrlehre, daß wir selbst es vermögen, die von der Sünde zerstörte Schöpfungsordnung in ihrer Reinheit wiederherzustellen. Allein in Christus ist die Welt wiederhergestellt.

Aus dem Betheler Bekenntnis, 1933
(DBW 12: 375, 379)

Der gegenwärtige Christus ist der geschichtliche Christus. Dieser ist der historische Jesus. Wäre das nicht so, dann wäre mit Paulus zu sagen, daß unser Glaube eitel wäre, dann wäre unserer Kirche die Substanz entzogen.

Wie werde ich des historischen Faktums Jesus Christus auf absolute Weise gewiß? Offenbar ist hier die historische Methode überfordert. Es gibt keinen historischen Zugang zu der Person Jesu, der für den Glauben verbindlich wäre. Der Zugang über den geschichtlichen Jesus geht allein über den Auferstandenen, über das Wort des sich selbst bezeugenden auferstandenen Christus.

Von hier aus ist das Wort der Historie, die Christus behaupten oder ablehnen will, irrelevant. Im Glauben ist die Geschichte von der Ewigkeit her erkannt, nicht von sich selbst, von innen her.

Daneben muß aufrechterhalten werden, daß das Zeugnis von Jesus als dem Auferstandenen kein anderes ist als das, was uns von der Bibel überliefert ist. Wir bleiben auch als glaubende Menschen nüchtern und sachlich. Wir müssen dieses Buch der Bücher mit allen menschlichen Mitteln lesen. Aber durch die brüchige Bibel hindurch begegnet uns Gott als der Auferstandene. Sofern wir also auf Erden sind, müssen wir in die Not der historischen Kritik hinein. Die Geschichtlichkeit Jesu steht für uns unter dem doppelten Aspekt der Historie und des Glaubens.

Dietrich Bonhoeffer, Christologie-Vorlesung, 1933
(DBW 12: 311, 313-315)

Ich stürzte mich in die Arbeit in sehr unchristlicher und undemütiger Weise. Ein wahnsinniger Ehrgeiz, den manche an mir gemerkt haben, machte mir das Leben schwer ... Dann kam etwas anderes, etwas, was mein Leben bis heute verändert hat und herumgeworfen hat. Ich kam zum ersten Mal zur Bibel ... Ich hatte schon oft gepredigt, ich hatte schon viel von der Kirche gesehen, darüber geredet und geschrieben – und ich war noch kein Christ geworden, sondern ganz wild und ungebändigt mein eigener Herr ... Ich hatte auch nie, oder doch sehr wenig gebetet. Ich war bei aller Verlassenheit ganz froh an mir selbst. Daraus hat mich die Bibel befreit und insbesondere die Bergpredigt. Seitdem ist alles anders geworden.

Dietrich Bonhoeffer, Brief an Elisabeth Zinn, 1936
(DBW 14: 112f.)

Luther redet von der Gottheit und Menschheit Jesu, als wenn sie eine Natur wären. Es geht ihm darum, die Menschheit Christi als Gottheit zu verstehen. Von hier aus erwächst die Lehre von dem genus majestaticum. Diese lehrt, daß die menschliche Natur von der göttlichen durchdrungen wird und die Attribute der göttlichen Natur erhält. Bei Luther wird Jesus und Christus nicht auseinandergehalten. Weil man die Gefahr spürte, daß man hier von einem durchgotteten Menschen redete, darum fügte man an diese Lehre von dem genus majestaticum die Lehre von den beiden Ständen Christi an. Dieser Jesus Christus hat zwei verschiedene Stände durchgemacht, den Stand der Erniedrigung und den Stand der Erhöhung. Um von dem historischen Jesus und dem Erlöser Jesus Christus zusammen reden zu können, dazu dient die Lehre von den beiden Ständen. Das Subjekt für die Erniedrigung ist nach der lutherischen Orthodoxie der Menschgewordene, nicht der Menschwerdende. Der Menschgewordene geht aus freien Stücken in die Erniedrigung ein. Die mit göttlichen Eigenschaften beschenkte Natur Christi erniedrigt sich selbst. Die Erniedrigung Christi ist nur ein Attribut des Menschgewordenen, nicht aber ein solches des Logos selbst. Erniedrigung heißt, Nicht-Ausübung der göttlichen Eigenschaften durch die menschliche Natur in der Dauer des Erdenlebens Jesu. Hier ist die Frage, wie diese Nicht-Ausübung zu verstehen wäre. Liegt hier ein realer Verzicht, eine Entleerung der göttlichen Eigenschaften bei der Erniedrigung vor, oder ist eine Verhüllung, ein Nicht-Sichtbar-Werden der göttlichen Kräfte in Jesus gemeint? So schließt sich an die Lehre von den beiden Ständen der Streit der Kenotiker und Kryptiker an. Die das erste meinten, nannte man die Kenotiker. Sie weisen hin auf den realen Verzicht, die Kryptiker auf die Verhüllung. Die Kryptiker dringen auf die Identität des Menschgewordenen, wie er in der Ewigkeit ist, mit dem Gottmenschen, wie er der Erniedrigte ist. Der Erhöhte und der Erniedrigte muß derselbe sein, sonst wäre alles verloren. Der, der leiden muß, sei zugleich der, der nicht leiden müsse. Dagegen stellt sich der Einwand, wenn das so sei, dann habe Christus nicht wirklich gelitten, dann sei er nicht wirklich gestorben. Es gehe vielmehr um eine wirkliche Kenosis nach Phil 2. Christus sei wirklich gestorben. Christus habe den Gebrauch seiner göttlichen Eigenschaften immer wieder in sich zurückgedrängt.

Die Kryptiker und Kenotiker einigten sich dann auf eine unansehnliche Formel: Der erniedrigte Christus habe die göttlichen Eigenschaften gebraucht, wann er wollte, und nicht gebraucht, wann er wollte. Das gesamte christologische Problem ist hier auf eine andere Ebene geschoben. Es geht um den einen Gott-Menschen, aber in zwei verschiedenen Ständen, um die Identität des Gott-Menschen und doch in zweierlei Gestalt des Gott-Menschen, verhüllt und sichtbar.

Die Kenosislehre ist eine für die lutherische Dogmatik notwenige Ergänzung des genus majestaticum, dem die Kenotiker ein genus tapeinoticum, die Gattung im Bezug auf die Niedrigkeit, an die Seite stellen. Damit richtet sich die Absage zugleich gegen die Lehre von den zwei Naturen überhaupt.

Das Chalcedonense ist eine Antwort auf die Wie-Frage. Aber in dieser Antwort tritt die Wie-Frage als überwunden auf. Im Chalcedonense hat sich die Zweinaturenlehre selbst überwunden. Diesen Sinn des Chalcedonense gilt es weiterzuführen. Das kann nur dort geschehen, wo man das Denken über Gottheit und Menschheit Christi wie über etwas Vorfindliches überwunden hat, wo das Denken nicht anhebt bei den isolierten Naturen, sondern bei der Gegebenheit, Jesus Christus ist Gott. Man darf das IST nicht mehr interpretieren. Das ist von Gott Gesetztes und darum all unserem Denken Vorausgesetztes, das nachträglich nie mehr konstruiert werden kann.

Es darf also nach dem Chalcedonense nicht mehr heißen, wie ist die Verschiedenheit der Naturen und die Einheit der Person zu denken, sondern: Wer ist dieser Mensch, von dem gesagt wird, er sei Gott?

Dietrich Bonhoeffer, Christologie-Vorlesung, 1933
(DWB 12: 332-334, 336)

Ein jeglicher sei gesinnt, wie Jesus Christus auch war:
Welcher, ob er wohl in göttlicher Gestalt war,
nahm er's nicht als einen Raub, Gott gleich zu sein,
sondern entäußerte sich selbst und nahm Knechtsgestalt an,
ward gleich wie ein anderer Mensch
und an Gebärden als ein Mensch erfunden.
Er erniedrigte sich selbst und ward gehorsam bis zum Tode,
ja zum Tode am Kreuz.
Darum hat ihn auch Gott erhöht
und hat ihm den Namen gegeben,
der über alle Namen ist,
daß in dem Namen Jesu sich beugen sollen aller derer Knie,
die im Himmel und auf Erden und unter der Erde sind,
und alle Zungen bekennen sollen,
daß Jesus Christus der Herr sei,
zur Ehre Gottes, des Vaters.

Phil 2,5-11, in der Übersetzung Martin Luthers

Wer ist dieser Gott? Es ist der Menschgewordenen wie wir Mensch geworden sind. Er ist ganz Mensch. Darum ist ihm nichts Menschliches fremd gewesen. Der Mensch, der ich bin, ist Jesus Christus auch gewesen. Von diesem Menschen Jesus Christus sagen wir, dieser ist Gott. Damit ist nicht gemeint, daß wir vorher schon wüßten, wer Gott sei. Damit ist auch nicht gemeint, daß die Aussage, dieser Mensch ist Gott, etwas zu seinem Menschsein hinzutäte. Gott und Mensch sind nicht durch einen Begriff der Natur zusammengedacht. Die Aussage, dieser Mensch ist Gott, ist ganz anders gemeint. Das Gottsein dieses Menschen ist nicht etwas zum Menschsein Jesus Christus Hinzukommendes. Diese Aussage, dieser Mensch ist Gott, ist die Vertikale von oben, die auf Jesus Christus, den Menschen treffende Aussage, die von Jesus Christus weder etwas abtut noch hinzutut, sondern die den ganzen Menschen als Gott qualifiziert. Es ist Gottes Urteil über diesen Menschen! Gottes Wort ist es, das diesen Menschen Jesus Christus selbst als Gott qualifiziert. Aber der wesentliche Unterschied zu allen übrigen Menschen ist der, daß das von oben kommende Wort Gottes hier in Jesus Christus zugleich selbst ist. Darum, weil Jesus das Urteil Gottes über sich selbst ist, weist er zugleich auf sich und auf Gott.

Damit ist der Versuch endgültig abgewehrt, zwei isolierte vorfindliche Gegebenheiten miteinander zu vereinigen. Jesus, der Mensch, wird als Gott geglaubt, und zwar gerade als DER Mensch, nicht trotz seiner Menschheit oder über seine Menschheit hinaus. An Jesus Christus, Menschen, entzündet sich der Glaube. Jesus Christus ist Gott nicht in einer göttlichen Natur, sondern Gott allein im Glauben, also nicht mehr in einer vorfindlichen, beschreibbaren Weise. Soll Jesus Christus als Gott beschrieben werden, so darf nicht von seiner Allmacht und Allwissenheit geredet werden, sondern von seiner Krippe und seinem Kreuz.

Das Kind in der Krippe ist Gott. Soll von dem Menschen Jesus Christus als von Gott geredet werden, so darf man nicht von ihm als dem Repräsentanten einer Gottesidee reden, d.h. in seiner Allwissenheit, Allmacht, sondern von seiner Schwachheit und Krippe.

Der menschgewordene Gott ist der Herrliche. Gott verherrlicht sich im Menschen. Das ist das letzte Geheimnis der Trinität. »Von nun an bis in Ewigkeit« sieht sich Gott als Menschgewordenen an. Die Verherrlichung Gottes im Menschen ist zugleich die Verherrlichung des Menschen selbst, der Leben in Ewigkeit mit dem trinitarischen Gott haben soll. Es ist also nicht richtig, die Menschwerdung Gottes als Gericht über den Menschen anzusehen. Gott bleibt ja auch Mensch nach dem Gericht. Die Menschwerdung Gottes ist die Botschaft Gottes von der Verherrlichung des Gottes, der seine Ehre darin sieht, in Menschengestalt zu sein.

Warum klingt uns das so unwahrscheinlich und fremd? Weil die Menschwerdung Gottes in Jesus Christus nicht die sichtbare Verherrlichung Gottes ist, weil der Menschgewordene der Gekreuzigte ist.

Dietrich Bonhoeffer, Christologie-Vorlesung, 1933
(DBW 12: 340-342)

Gottes Sohn wird Mensch,
damit der Mensch
Heimat habe in Gott.

Hildegard von Bingen

Wir fassen keinen andern Gott als den,
der in jenem Menschen ist,
der vom Himmel kam.
Ich fange bei der Krippe an.

Martin Luther

Herr Jesus Christus,
Du warst arm und elend,
gefangen und verlassen wie ich.
Du kennst alle Not der Menschen,
Du bleibst bei mir,
wenn kein Mensch mir beisteht,
Du vergißt mich nicht und suchst mich,

Du willst, daß ich Dich erkenne
und mich zu Dir kehre.
Herr, ich höre Deinen Ruf und folge.
Hilf mir!

Dietrich Bonhoeffer, Gebete für Gefangene, 1943
(DBW 8: 205)

Wo von der Erniedrigung die Rede ist, ist keine Beschränkung der Gottheit. Erniedrigung bedeutet nicht, MEHR Mensch sein und WENIGER Gott sein, und Erhöhung bedeutet nicht, MEHR Gott sein und WENIGER Mensch sein. Jesus bleibt in der Erniedrigung und in der Erhöhung ganz Mensch und ganz Gott. Die Aussage, dieser ist Gott, muß von dem Erniedrigten in derselben Weise gemacht werden wie von dem Erhöhten. Nichts macht Jesus im Tode von den göttlichen Eigenschaften offenbar. Im Gegenteil, er ist an Gott verzweifelnder, sterbender Mensch. Und von dem sagen wir, dieser ist Gott. Gott verhüllt sich nicht im Menschen, sondern er offenbart sich als Gott-Mensch. Aber dieser Gott-Mensch verhüllt sich in der Existenzweise der Erniedrigung.

Wer ist der erniedrigte Gott-Mensch? Die Lehre von der Menschwerdung und der Erniedrigung muß radikal getrennt werden. Die Existenzweise der Erniedrigung ist ein Akt des Gott-Menschen. Er ist zeitlich von dem Akt der Menschwerdung nicht zu trennen, sondern der Gott-Mensch in der Geschichte ist immer schon der erniedrigte Gott-Mensch von der Krippe bis zum Kreuz.

Worin drückt sich die besondere Existenzweise des Erniedrigten aus? Darin, daß er das Fleisch der Sünde angenommen hat. In der Erniedrigung geht Christus, der Gott-Mensch, aus freien Stücken ein in die Welt der Sünde und des Todes. Er geht so ein, daß er sich in ihr verbirgt, daß er nicht mehr als der Gott-Mensch sichtbar kenntlich ist. Incognito geht er als Bettler unter die Bettler, als Ausgestoßener unter die Ausgestoßenen, aber als der Sündlose unter die Sünder, aber auch als der Sünder unter die Sünder.

Die Lehre von der Sündlosigkeit Jesu ist der zentrale Punkt, an dem sich alles entscheidet. Denn die Frage ist die: Ist Jesus als der erniedrigte Gott-Mensch in die menschliche Sünde ganz eingetreten? Ist er ein Mensch gewesen mit Sünde wie wir? Wenn er das nicht gewesen ist, ist er dann überhaupt Mensch gewesen? Und ist er dies gewesen, wie kann er, der in derselben Not war wie wir, uns aus unserer Not helfen?

Es kommt alles darauf an zu verstehen, was mit der »Gestalt des Fleisches« gemeint ist. Dies ist das wirkliche Ebenbild des menschlichen »Fleisches«. Das für unser »Fleisch« Wesentliche ist unsere Versuchlichkeit und der Eigenwille. Christus hat alle Verlegenheiten des Menschen mit angenommen. Inwiefern unterscheidet er sich dann von uns? Zunächst gar nicht. Er ist Mensch wie wir und wird versucht wie wir. Auch in seinem »Fleisch« war ein Gesetz, das dem Willen Gottes zuwider war. Er stand allezeit im Kampf. Er tat auch, was wie Sünde aussah. Er war hart zu seiner Mutter im Tempel, er wich seinen Gegnern aus, er rief zum Widerstand gegen die herrschende Kaste der Frommen und Menschen. Er mußte in den Augen der Menschen ein Sünder sein. So trat er hinein bis zur Unkenntlichkeit.

Aber es kommt alles darauf an, daß ER es ist, der da eintrat, dies und das tat, was der Beschauer seines Lebens nur als Verfehlung werten kann. Und weil ER es ist, darum treten die Aussagen in ein anderes Licht. Er hat Angst wie wir, ist versucht gleich wie wir, also ist er in derselben Verdammnis. Aber weil ER in derselben Verdammnis ist wie wir, darum sind wir gerettet. Als der, der ER ist, hat er Angst wie wir Menschen. Von diesem ER her müssen wir alle die ärgerlichsten Aussagen über diesen erniedrigten Gott-Menschen ertragen und wagen.

Er ist für uns zur Sünde gemacht. Luther sagt, er ist selbst Räuber, Mörder, Ehebrecher wie wir, weil er unsere Sünde trägt. Aber zugleich ist ER der Sündlose, der Heilige, der Ewige, der Herr, der Sohn seines Vaters.

Es kann um keinen Ausgleich dieser beiden Aussagen gehen, so als könne man den erniedrigten Jesus doch noch aus der »Gestalt des Fleisches« herausreißen. Er ist in der »Gestalt des Fleisches«, doch ohne Sünde, versucht wie wir in der »Gestalt des Fleisches«, doch ohne Sünde. Der Satz von der Sündlosigkeit geht fehl, wenn er die vorfindlichen Taten Jesu im Auge hat. Diese Taten sind geschehen in der »Gestalt des Fleisches«. Man kann und soll in ihnen zweideutig das Gute und das Böse sehen können. Wenn einer im icognito sein will, dann beleidigt man ihn, wenn man ihm sagt, ich habe dich doch gleich gesehen. Darum sollen wir an seinen Taten seine Sündlosigkeit nicht begründen. Der Satz von der Sündlosigkeit Jesu in seinen Taten ist kein moralisch vorfindliches Urteil, sondern eine Erkenntnis des Glaubens, daß ER es ist, der diese Taten tut, Er, der in Ewigkeit ohne Sünde ist. Der Satz von der Sündlosigkeit Jesu ist kein moralischer Satz, sondern eine Erkenntnis des Glaubens.

Dietrich Bonhoeffer, Christologie-Vorlesung, 1933
(DBW 12: 343-345)

Weil es Jesus nicht um die Proklamation und Verwirklichung neuer ethischer Ideale, also auch nicht um sein eigenes Gutsein, sondern allein um die Liebe zum wirklichen Menschen geht, darum kann er in die Gemeinschaft ihrer Schuld eintreten ... Aus seiner selbstlosen Liebe, aus seiner

Sündlosigkeit heraus tritt Jesus in die Schuld der Menschen ein, nimmt sie auf sich ... Wer sich in der Verantwortung der Schuld entziehen will, löst sich ... aus dem erlösenden Geheimnis des sinnlosen Schuldtragen Jesu Christi und hat keinen Anteil an der göttlichen Rechtfertigung, die über diesem Ereignis liegt. Er stellt seine persönliche Unschuld über die Verantwortung für die Menschen, und er ist blind für die heillosere Schuld, die er gerade damit auf sich lädt.

Dietrich Bonhoeffer, Ethik, 1942
(DBW 6: 275f.)

Ihr, die ihr auftauchen werdet aus der Flut,
in der wir untergegangen sind,
gedenkt, wenn ihr von unseren Schwächen sprecht,
auch der finsteren Zeit,
der ihr entronnen seid.
Gingen wir doch
öfter als die Schuhe die Länder wechselnd
durch die Kriege der Klassen,
verzweifelt, wenn da nur Unrecht war
und keine Empörung.
Dabei wissen wir ja:
auch der Haß gegen die Niedrigkeit verzerrt die Züge.
Auch der Zorn über das Unrecht macht die Stimme heiser.
Ach,
wir, die wir den Boden bereiten wollten für Freundlichkeit,
konnten selber nicht freundlich sein.
Ihr aber, wenn es soweit sein wird,
daß der Mensch dem Menschen ein Helfer ist,
gedenkt unserer mit Nachsicht.

Bertolt Brecht, An die Nachgeborenen, 1947

Der erniedrigte Gott-Mensch ist das Ärgernis des frommen Menschen und des Menschen überhaupt. Das Unbegreiflichste für den Frommen ist der Anspruch, den dieser Mensch erhebt, er sei nicht nur ein Frommer, sondern Gottes Sohn. Daher seine Vollmacht »Ich aber sage euch« und »Deine Sünden sind Dir vergeben«. Wäre Jesu Natur vergöttlicht gewesen, so hätte man sich diesen Anspruch gefallen lassen. Hätte er Zeichen getan, wie man sie forderte, so hätte man ihm geglaubt. Aber dort, wo es darauf ankommt, zieht er sich zurück. Und das schafft das Ärgernis. Aber an dieser Tatsache hängt alles. Hätte er die an ihn gerichtete Christusfrage durch ein Wunder beantwortet, so gälte der Satz nicht mehr, daß er Mensch geworden ist wie wir, denn dann wäre an dem entscheidenen Punkt die Ausnahme gewesen. Darum mußte das incognito immer undurchsichtiger werden, je dringlicher die Christusfrage wurde.

Das besagt, daß die Gestalt der Ärgerlichkeit die Gestalt ist, in der Christus allein Glauben ermöglicht. D.h. daß die Gestalt der Ärgerlichkeit des Christus die Gestalt des Christus pro nobis ist. Weil Jesus unsere Freiheit sein will, muß er uns ein Ärgernis werden, bevor er uns ein Heil wird. Erst in der Erniedrigung kann er pro nobis werden. Hätte Christus sich im Wunder dokumentiert, so würden wir zwar glauben, aber Christus wäre dann nicht unser Heil, denn es wäre dann nicht der Glaube an den menschgewordenen Gott, sondern ein Anerkennen eines angeblich übernatürlichen Faktums. Das aber ist kein Glaube. Glaube ist dort, wo ich mich Gott so ausliefere, daß ich mein Leben auf sein Wort wage, dort und gerade dort, wo es gegen jeden sichtbaren Schein geht. Erst dort, wo ich auf sichtbare Bezeugung verzichte, glaube ich an Gott. Die einzige Sicherung, die der Glaube verträgt, ist das Wort Gottes selbst.

Christus pro nobis ist der Christus, der mich mit Gott versöhnt, und das geht allein durch dieses Ärgernis und durch den Glauben hindurch. Das Ärgernis, das wir nehmen, ist die fortwährende Anfechtung des Glaubens. Dies aber lehrt auf das Wort achten. Aus der Anfechtung kommt der Glaube.

Dietrich Bonhoeffer, Christologie-Vorlesung, 1933
(DBW 12: 345f.)

Vor und mit Gott leben wir ohne Gott. Gott läßt sich aus der Welt herausdrängen ans Kreuz, Gott ist ohnmächtig und schwach in der Welt und gerade und nur so ist er bei uns und hilft uns. Es ist Matth 8,17 ganz deutlich, daß Christus nicht hilft kraft seiner Allmacht, sondern kraft seiner Schwachheit, seines Leidens! Hier liegt der entscheidende Unterschied zu allen Religionen. Die Religiosität des Menschen weist ihn in seiner Not an die Macht Gottes in der Welt ... Die Bibel weist den Menschen an die Ohnmacht und das Leiden Gottes; nur der leidende Gott kann helfen. Insofern kann man sagen, daß die Entwicklung zur Mündigkeit der Welt, durch die mit einer falschen Gottesvorstellung aufgeräumt wird, den Blick frei macht für den Gott der Bibel, der durch seine Ohnmacht in der Welt Macht und Raum gewinnt. Hier wird wohl die »weltliche Interpretation« einzusetzen haben.

Dietrich Bonhoeffer, Brief aus der Haftanstalt Tegel, 1944
(DBW 8: 534f.)

Der Erniedrigte ist pro nobis nur als der Erhöhte. Nur durch ihn als den Auferstandenen und Erhöhten kennen wir diesen Gott-Menschen incognito. Wir haben den als Kind Geborenen als den ewig Gegenwärtigen, diesen Schuldbeladenen als den Sündlosen. So muß der Satz auch umgekehrt gelten: Wir haben den Erhöhten nur als den Gekreuzigten. Wir sind durch die Auferstehung nicht um das Ärgernis herumgekommen. Auch der Auferstandene bleibt für uns der Ärgerliche. Wäre er das nicht, so wäre er nicht für uns. Auferstehung Jesu ist nicht Durchbrechen des incognito. Die Auferstehung Jesu wird nur dort geglaubt, wo das Ärgernis Jesu Christi nicht fortgeschafft wird. Allein die Jünger sehen den Sohn. Es ist der blinde Glaube, der hier sieht, weil sie als Nichts-Sehende Glaubende und als solche Sehende werden im Glauben an seine Herrlichkeit.

Zwischen Erniedrigung und Erhöhung liegt nun das historische Faktum des leeren Grabes. Was soll der Bericht vom leeren Grab vor dem Bericht der Auferstehung? Es scheint, als ob unser «Glaube an die Auferstehung« gebunden wäre an den Bericht des leeren Grabes. Wäre das Grab nicht leer, so wäre unser Glaube nicht.

Dies ist das letzte Ärgernis, das wir hinnehmen müssen als die an Christus Glaubenden. Es bleibt Ärgernis auf beiden Seiten. Die unmögliche Möglichkeit, daß das Grab leer gewesen ist, ist Ärgernis des Glaubens. Auch die Bejahung des leeren Grabes ist Ärgernis. Wer will es denn beweisen, daß die Jünger Jesu seinen Leib nicht gefunden haben? Wir kommen auch hier nicht um das Ärgernis herum. Jesus bleibt bis zuletzt durch das leere Grab hindurch im incognito, in der Gestalt des Ärgernisses. Jesus bricht sein incognito nicht, auch nicht als Auferstandener. Er wird es erst ablegen, wenn er wiederkommt zum letzten Gericht. Hier wird er als der Ewige, Menschgewordene, in göttlicher Kraft und Herrlichkeit sichtbar kommen.

Mit dem erniedrigten Christus geht seine Kirche in die Erniedrigung. Sie kann keine sichtbare Beglaubigung ihres Wesens erstreben, während er auf sie verzichtet hat. Sie darf auch nicht als erniedrigte Kirche in eitler Selbstgefälligkeit auf sich selbst blicken, als sei die Erniedrigung der sichtbare Beweis dafür, daß Christus mit ihr sei. Es gibt hier kein Gesetz, und Christi Erniedrigung ist kein Prinzip, das die Kirche zu befolgen hätte, sondern ein Faktum. Auch die Kirche kann hoch sein und kann niedrig sein, wenn nur beides um Christi willen geschieht. Es ist nicht gut, wenn die Kirche sich voreilig ihrer Niedrigkeit rühmt. Es ist aber auch nicht gut, wenn sich die Kirche voreilig ihrer Größe und Macht rühmt, sondern allein dann ist es gut, wenn die Kirche sich ihre Sünden vergeben läßt.

Auch die Kirche muß als die Gegenwart des menschgewordenen, erniedrigten, auferstandenen und erhöhten Jesus Christus täglich neu den Willen Gottes von Christus her empfangen. Auch ihr wird täglich neu Christus zum Anstoß ihrer eigenen Wünsche und Hoffnungen. Die Kirche muß täglich neu auf den Satz stoßen: »Ihr werdet euch alle an mir ärgern«, und sie muß sich an die Verheißung halten: »Selig ist, wer sich nicht an mir ärgert.«

Dietrich Bonhoeffer, Christologie – Vorlesung, 1933
(DBW 12: 347f.)

Der Auftrag der Kirche, in welchem ihre Freiheit gründet, besteht darin, an Christi Statt und also im Dienst seines eigenen Wortes und Werkes durch Predigt und Sakrament die Botschaft von der freien Gnade Gottes auszurichten an alles Volk.

Wir verwerfen die falsche Lehre, als könne die Kirche in menschlicher Selbstherrlichkeit das Wort und Werk des Herrn in den Dienst irgendwelcher eigenmächtig gewählter Wünsche, Zwecke und Pläne stellen.

These 6 der Barmer Theologischen Erklärung, 1934

Die Kirche ist nur Kirche, wenn sie für andere da ist ... Sie muß an den weltlichen Aufgaben des menschlichen Gemeinschaftslebens teilnehmen, nicht herrschend, sondern helfend und dienend. Sie muß den Menschen aller Berufe sagen, was ein Leben mit Christus ist, was es heißt, »für andere dazusein.«

Dietrich Bonhoeffer, Entwurf einer Arbeit, 1944
(DBW 8: 560)

Anmerkungen

Anmerkungen zu "Einführung in Dietrich Bonhoeffers *Christ the Center*"

1. William Hamilton, A Secular Theology for a World Come of Age, Theology Today 18 (Januar 1962), S. 435-459. Diese Themen werden ebenfalls behandelt in: William Hamilton, The New Essence of Christianity, New York 1961. Jaroslav Pelikan, Bonhoeffer's Christologie of 1933, in Martin E. Marty, ed., The Place of Bonhoeffer, New York 1962, pp- 143-165, unternahm eine frühe historische Einführung und kritische Analyse dieser Vorlesungen.
2. Ebd., S. 445.
3. Ebd., S. 458f.
4. John A. T. Robinson, Honest to God, Piladelphia 1963.
5. Hier wurde die entsprechende Passage aus der von Christoph und Gertrud Hahn besorgten Übersetzung des Buches von Robinson ins Deutsche eingefügt. John A. T. Robinson, Gott ist anders. Honest to God, München [10]1965, S. 83. Nessan zitiert die amerikanische Ausgabe: John A. T. Robinson, Honest to God, Philadephia 1963, p. 77.
6. David L. Edwards, ed., The Honest to god Debate: Some Reactions to the Book »Honest to God«, Philadephia 1963.
7. Paul M. van Buren, The Secular Meaning of the Gospel: Based on an Analysis of ist Language, New York 1963, p. 18.
8. Harvey Cox, The Secular City: Secularization and Urbanization in Theological Perspective, New York 1965, p. 2 and pp. 211-213.
9. Thomas J. J. Altizer, »Word and History«, in Thomas J. J. Altizer and William Hamilton, Radical Theology and the Death of God, Indianapolis 1966, pp. 135-136.

10. Eberhard Bethge, Bonhoeffer: Exile and Martyr, London 1975, p. 24.
11. Edwin H. Robertson, »Bonhoeffer's Christology«, introduction to Dietrich Bonhoeffer, Christ the Center, translated by John Bowden, New York 1966, p. 9.
12. John Godsey, Review of Christ the Center, Journal of Religion 47 (April 67): 152.
13. William J. Hill, Review of Christ the Center, Theological Studies 27 (1966): 691.
14. Thomas e. Ambrogi, Review of Christ the Center, Una Sancta 24, no. 2 (1967): 78
15. Clifford Green, »Sociality and Church in Bonhoeffer's 1933 Christology2, Scottish Journal of Theology 21 (1968): 416-434.
16. Dietrich Bonhoeffer, Christ the Center, trans. Edwin H. Robertson, San Francisco 1978.
17. William Blair Gould, The Worldly Christian: Bonhoeffer on Discipleship, Philadelphia 1967, and Geffrey B. Kelly, Liberating Faith: Bonhoeffer's Message for Today, Minneapolis 1984.
18. John De Gruchy, ed., Dietrich Bonhoeffer: Witness to Jesus Christ, London 1988, and Geffrey B. Kelly and F. Burton Nelson, eds., A Testament to Freedom: The Essential Writings of Dietrich Bonhoeffer, San Francisco 1990.
19. Bonhoeffer, Christ the Center, p. 78.
20. Robert McAfee Brown, ed., Kairos: Three Prophetic Challenges, Grand Rapids 1990.
21. On the Way: From Kairos to Jubilee, Chicago 1994.

Anmerkungen zu "Kirchenkampf und Kontemplation"

1. Brief an Karl Friedrich Bonhoeffer vom 27.1.1936 zitiert nach E. Bethge, Dietrich Bonhoeffer. Theologe – Christ – Zeitgenosse, München 1970, S. 249.
2. E. Bethge, R. Bethge, Chr. Gremmels (Hgg.), Dietrich Bonhoeffer, Bilder aus seinem Leben, Gütersloh ²1989, S. 74.
3. Die Kirche vor der Judenfrage, in: C. Nicolaisen, E.A. Scharffenorth (Hgg.), Berlin 1932-1933, Dietrich Bonhoeffer Werke Band 12, Gütersloh 1998, S. 353f.
4. Ebd. S. 50.
5. Nachwort von Otto Dudzus zur Christologie, München 1972, S. 94.
6. Bethge, Bonhoeffer (siehe Anm. 2), S. 377.
7. Bonhoeffer, Berlin (siehe Anm. 3), S. 204f.
8. Ebd., S.210.
9. Bethge, Bonhoeffer (siehe Anm. 2), S. 275.
10. T.R. Peters in: Dietrich Bonhoeffer – Gefährdetes Erbe in bedrohter Welt, Berlin/DDR 1987, S. 71.
11. Bethge, Bonhoeffer (siehe Anm. 2), S. 731.
12. A. Schönherr, Dietrich Bonhoeffer und der Weg der Kirche in der DDR, in: Bonhoeffer-Studien, Berlin/DDR 1985, S. 153.
13. G. Casalis, Dietrich et Camilo, Christianisme au XX.siecle, 7.4.1986.
14. T.R. Peters, Die Dimension des Politischen in der Theologie Dietrich Bonhoeffers, München und Mainz 1976, S. 50.
15. Ebd. S. 202.

Nachweise

Seite 35-76, die *Bonhoeffer-Zitate* sind entnommen worden aus: Dietrich Bonhoeffer Werke (DBW), 16 Bände, München/Gütersloh 1986-1998; DBW 6: Ethik; DBW 8: Widerstand und Ergebung. Briefe und Aufzeichnungen aus der Haft; DBW 12: Berlin 1932-1933; DBW 14: Illegale Theologenausbildung: Finkenwalde 1935-1937; DBW 15: Illegale Theologenausbildung: Sammelvikariate 1937-1940.

Seite 37, Kurt Marti, aus: Kurt Marti, O Gott! Lachen, Weinen, Lieben. Ermutigungen zum Leben, © Radius-Verlag, Stuttgart 1995.

Seite 40, Bertolt Brecht, aus: Bertolt Brecht, In finsteren Zeiten, Gesammelte Werke, © Suhrkamp Verlag, Frankfurt/M. 1967.

Seite 49, Rose Ausländer, aus: Rose Ausländer, Im Aschenregen die Spur deines Namens. Gedichte und Prosa 1976, © S. Fischer Verlag, Frankfurt/M. 1984.

Seite 49, Martin Buber, © Manesse-Verlag, Zürich.

Seite 58, Shalom Ben-Chorin, aus: Herlinde Koelbl, Jüdische Porträts, © S. Fischer Verlag, Frankfurt/M. 1989.

Seite 71, Bertolt Brecht, aus: Bertolt Brecht, An die Nachgeborenen, Gesammelte Werke, © Suhrkamp Verlag, Frankfurt/M. 1967.